WITHDRAWN

EXO

EXO

K-pop superstars

Adrian Besley

Traducción de Scheherezade Surià

Rocaeditorial

Título original: *EXO. K-pop superstars*

© 2019, Adrian Besley

Primera edición: octubre de 2019

© de la traducción: 2019, Scheherezade Surià
© de esta edición: 2019, Roca Editorial de Libros, S. L.
Av. Marquès de l'Argentera 17, pral.
08003 Barcelona
actualidad@rocaeditorial.com
www.rocalibros.com

Diseño de cubierta: Ana Bjezancevic
Imágenes de cubierta: Imaginechina/REX/Shutterstock

Impreso por Liberdúplex
08791 Sant Llorenç d'Hortons (Barcelona)

ISBN: 978-84-17771-93-5
Depósito legal: B 19190-2019
Código IBIC: YNCP

Todos los derechos reservados. Esta publicación no puede ser reproducida, ni en todo ni en parte, ni registrada en o transmitida por, un sistema de recuperación de información, en ninguna forma ni por ningún medio, sea mecánico, fotoquímico, electrónico, magnético, electroóptico, por fotocopia, o cualquier otro, sin el permiso previo por escrito de la editorial.

RE71935

Para Nora,
cuyo amor por EXO y el K-pop no tiene límites

Índice

Introducción	9
1. El plan	12
2. El debut	20
3. Besos y abrazos	27
4. Suho	37
5. *Showtime*	44
6. Xiumin	52
7. Éxito y conmoción	58
8. Lay	67
9. *The lost planet*	73
10. Baekhyun	82
11. Somos uno	89
12. Kris, Luhan y Tao	98
13. La Ola EXO	108
14. Chen	117
15. EXO va a EE. UU.	124
16. Chanyeol	133
17. Los reyes del baile	140
18. D.O.	149
19. *Reservoir idols*	156
20. Kai	165
21. En pleno apogeo	173
22. Sehun	182

23. Acto de poder	189
24. Los elegidos de la nación	197
25. Aumentando el ritmo	205
Glosario	214
Agradecimientos	217
Créditos de las fotografías	218
Índice onomástico	219

Introducción

No hay ninguna duda de que cuando los EXO saltaron al escenario para interpretar *Power* en la ceremonia de clausura de los Juegos Olímpicos de Invierno de 2018, en Pieonchang, Corea del Sur, su enérgica actuación tuvo una repercusión increíble y les consiguió legiones de nuevos seguidores. Sin embargo, los EXO ya eran estrellas no solo en los países de origen de sus miembros, Corea del Sur y China, sino en todo el mundo.

Sus sencillos *Growl, Call Me Baby, Monster, Ko Ko Bop, Universe* y *Tempo* han llegado a lo más alto de las listas mundiales, desde el Sudeste Asiático hasta América, pasando por Europa, Australia y Oriente Próximo, y cada uno de sus cinco álbumes ha vendido más de un millón de copias. El más reciente, *Don't Mess Up My Tempo*, ha alcanzado el número uno de las listas de iTunes en cuarenta y seis países.

Los EXO son tremendamente populares, aunque no se convirtieron en una sensación de la noche a la mañana. Han tenido que lidiar con la decepción, las dificultades e incluso los escándalos, pero su éxito es el resultado de su gran talento, su arduo trabajo y el continuo apoyo de su compañía, SM Entertainment. No obstante, como ellos mismos admiten, ninguno de sus triunfos habría sido posible sin el amor y la dedicación de los EXO-L, es decir, sus seguidores.

Estos han estado con ellos en sus peores días, han agotado las entradas de los conciertos en tiempo récord y han coreado, movido sus varitas fluorescentes y llevado pancartas en las que les declaraban su amor en todas las actuaciones. Estos son los seguidores que elevan las reproducciones a la estratosfera y la música de EXO a los primeros puestos de las listas. Actualmente hay más de cuatro millones de seguidores oficiales de EXO en el mundo y se han unido para crear una comunidad única en las redes sociales. Se ayudan entre ellos, apoyan colectas en nombre del grupo y traban amistades duraderas mientras siguen el éxito progresivo de los chicos.

Cada seguidor de EXO tiene a su *bias*, su favorito. Para algunos, es el encantador y elocuente Suho, el líder del grupo; para otros, es el *maknae* (el miembro más joven), el siempre estiloso Sehun, o el rapero multinstrumentista Chanyeol, el autoproclamado *Happy Virus* («virus de la felicidad») de EXO. Sus compañeros *beagle liners*, un término del K-pop para designar a los miembros más traviesos de la banda, el guapísimo Baekhyun y Chen, con su contagiosa sonrisa, tampoco se quedan atrás. Otros admiradores se decantan por el bailarín principal, Kai, que rezuma sensualidad; o por D.O., que tiene una mirada cálida y labios perfectos en forma de corazón; o por Lay, el único miembro chino, que tiene unos hoyuelos de infarto; o por Xiumin, el mayor de todos, que, antaño considerado un joven adorable, es hoy un hombre atractivo con rasgos duros.

Sin embargo, como se hace evidente en sus entrevistas y apariciones en espectáculos de variedades, cada uno de ellos tiene su propio encanto y un talento supremo. Han sido incluidos entre los mejores vocalistas y bailarines de K-pop. Algunos son compositores, otros son también aclamados actores y otros han tenido éxito en solitario o han formado duetos con otros artistas. En los capítulos dedicados a cada uno de los nueve miembros, este libro recoge sus personalidades y logros individuales.

Los EXO tienen la reputación de romper los límites: son músicos camaleónicos con un sonido imposible de clasificar; sus discos incluyen elementos de *R&B*, EDM, hip-hop, *tropical house*, *trap* y pop, mientras que en sus álbumes se mezclan baladas emotivas con fuertes ritmos *funk*, canciones melódicas amenizadas con armonías exquisitas, estribillos pegadizos, raps refrescantes y, en ocasiones, coros y gritos inusuales.

No obstante, todo esto no significaría nada sin las asombrosas actuaciones que dan vida a las canciones. Cada vez que los EXO anuncian un *comeback* en los programas musicales de la televisión coreana, su tono es perfecto, su coreografía increíblemente compleja es fabulosa y ellos están espectaculares. Esto no sería posible sin semanas, si no meses, de preparación, pero los EXO siempre lo dan todo. En este libro se destacan algunos de sus hábitos más conocidos en programas en directo, que podrás encontrar en YouTube o cualquier otra plataforma de vídeo.

En concierto, todo esto se multiplica por cien: un espectáculo de entre dos y tres horas en el que se incluyen alrededor de treinta canciones, deslumbrantes movimientos de baile, actuaciones en solitario, innumerables cambios de vestimenta, fondos y luces asombrosos, vídeos únicos y escenarios que permiten a la banda caminar entre el público. La audiencia también forma parte de la actuación, con sus varitas fluorescentes ondeando al unísono, formando coloridas olas que recorren el recinto. Es una montaña rusa de emociones, ya que el grupo crea lazos con el público bromeando, jugando, charlando con ellos o eligiendo las mejores pancartas.

Este libro relata la extraordinaria historia de EXO. Una historia sobre cómo unos *trainees* diligentes saltaron a la fama como un grupo de extraterrestres con superpoderes, transportados a la Tierra desde un mundo lejano llamado EXO Planet, y se separaron en dos secciones: EXO-K y EXO-M. Habla de la fusión de ambos grupos en EXO, de los años de duro trabajo, del camino hacia esa impactante actuación en los Juegos Olímpicos de Invierno delante de una audiencia mundial de millones de espectadores y de su esperado *comeback* a finales de 2018. Los acompañamos desde su debut, pasando por sus dificultades y sus éxitos, y contamos cómo es la relación del grupo con los seguidores.

Sin duda, los EXO-L han aceptado el mito y puede que algunos piensen realmente que los EXO son seres extraterrestres, ya que tienen talento de sobra, pero hay un elemento de su historia en el que todos los admiradores están de acuerdo: los EXO no son de este mundo.

1

El plan

El antiguo músico y productor Lee Soo-man había estado creando grupos famosos de K-pop para su compañía SM Entertainment desde finales de los noventa. Su índice de éxito era inigualable en la industria del K-pop. Gracias a él se formaron grupos como H.O.T., Shinhwa y el artista en solitario BoA, al igual que Super Junior y Girls' Generation. Sin embargo, desde que SHINee llegó a los escenarios en 2008 y f(x) un año después, SM no había conseguido lanzar a la fama a ningún otro grupo. Algunos dijeron que Soo-man había perdido su esencia…

Lee Soo-man sabía bien cómo funcionaba el K-pop; prácticamente había inventado ese género musical. Cuando volvió de Estados Unidos, tras pasar allí un tiempo, a finales de los ochenta, entusiasmado con Michael Jackson y la revolución de la MTV, descubrió que el pop surcoreano estaba comenzando a cambiar. Los coreanos habían adoptado la música estadounidense, el hip-hop, el R&B y el pop, y los grupos estaban incorporando estos géneros a la música popular y tradicional coreana. Lee Soo-man era el hombre adecuado en el momento adecuado y elaboró un sistema para crear (algunos lo comparan con una industria y por ello dicen «fabricar») estrellas del pop, que también adoptarían las principales compañías musicales de la competencia de SM, JYP Entertainment y YG Entertainment, entre otras.

El sistema consiste en seleccionar a los jóvenes con mayor talento de Corea del Sur (y de muchos otros lugares) y llevarlos a la sede de SM que se encuentra en la capital, Seúl. Estos adolescentes viven en residencias con otros aspirantes y se someten a un entrenamiento agotador de baile, canto, ejercicio, regímenes alimentarios y clases de inglés, chino y japonés. Además, deben continuar con sus estudios y a veces asistir incluso a nuevas escuelas en Seúl.

Los grupos de K-pop suelen tener más integrantes que las bandas de Occidente, porque ofrecen a sus seguidores un paquete completo de habilidades. Cuentan con raperos, vocalistas, bailarines e incluso *visuals*, aquellos miembros especialmente escogidos por su belleza y su atractiva presencia escénica. La empresa representante escoge a sus grupos de entre su gran variedad de talentos y algunos *trainees* (Suho de EXO, por ejemplo) se enfrentan a largas esperas, viendo cómo sus amigos y a veces recién llegados son elegidos para debutar antes que ellos.

De cada grupo se elige a un líder, que se encargará de seguir las directrices de la compañía y de representar a la banda de cara al público y también a los mánager. Suele ser el mayor de todos (aunque no es el caso de Suho) y cada grupo tiene también un *maknae*, es decir, un integrante más joven. En EXO, este integrante es Sehun. Los *maknaes* son como los bebés de la familia y el resto de los integrantes los cuidan. Son tiernos y adorables y, al igual que los hermanos pequeños, pueden salirse con la suya y ser descarados o traviesos.

La empresa también reúne a compositores, productores, coreógrafos, asesores de imagen y mánager. Cuando los *trainees* son seleccionados como solistas o como grupo, estos profesionales se ponen manos a la obra y se encargan de todos los detalles. La presentación oficial se conoce como «debut» y se puede llevar a cabo en un pequeño concierto especial, aunque a menudo tiene lugar en uno o más programas musicales de la televisión.

SM Entertainment ha creado todos sus grupos con coreografías fantásticas, presencia escénica, conjuntos impresionantes y buena apariencia. Todo esto se diseña para impresionar, no solo en los programas musicales, sino también en espectáculos de variedades de la televisión coreana, que a veces incluyen entrevistas y actuaciones, pero que se centran con más frecuencia en retos divertidos que resaltan la personalidad de los artistas, sus habilidades, su sentido del humor y su destreza para entretener.

Lee Soo-man es un experto en *marketing* muy astuto. Reúne a un público receptivo para los debuts de sus grupos y prepara el terreno difundiendo como adelanto fotografías de los integrantes, creando cuentas en las redes sociales, publicando apariciones anteriores y comunicándose con nuevos fans. Después, si el debut tiene éxito, planea su *comeback* con la misma meticulosidad. Un *comeback* no significa que el artista pase un tiempo inactivo o se tome un descanso. Es el término utilizado para referirse a su próximo lanzamiento, que a menudo suele tener un «concepto» nuevo, un cambio sutil o incluso drástico en la imagen o el sonido.

En Corea, Lee Soo-man recibe el apodo de «presidente de la Cultura» porque lideró el ámbito musical de la «Ola coreana» o *hallyu*, es decir, la difusión de la cultura coreana más allá de las fronteras del país, utilizando de manera ingeniosa las redes sociales y el auge de YouTube para que los grupos de SM llegaran al resto de Asia y al mundo entero.

En 2010, con el festival SM Town Live, llevó a las bandas más populares de la compañía a actuar a Estados Unidos, Japón, China e incluso a Francia y esta fue la base de su nuevo plan.

En 2011, Lee Soo-man dio un discurso en la Escuela de Estudios de Posgrado de Negocios en la Universidad de Stanford, en California. Delante de un público multitudinario, explicó que el pop coreano empezaba a atraer espectadores de todo el mundo. Habló de los últimos conciertos de SM Town Live y mencionó un nuevo proyecto. SM Entertainment estaba a punto de lanzar dos bandas con el mismo nombre, aún sin revelar, una formada por surcoreanos y la otra por integrantes chinos. Soo-man dijo: «Tenemos previsto presentar al grupo en Corea y en China a la vez, cantando la misma canción en dos idiomas diferentes».

Como era de esperar, esta noticia revolucionó las redes sociales. ¡SM iba a presentar una nueva banda! Los rumores corrieron como la pólvora por Internet, pero SM no soltó prenda. Al cabo de unos meses, el 22 de diciembre de 2011, SM por fin actualizó su página web oficial con una cuenta atrás de veinticuatro horas con el logotipo hexagonal de EXO, una galaxia de estrellas con un planeta adornado con el mismo logo y las palabras «From EXO Planet» (desde el planeta EXO). Al día siguiente, se anunciaron los nuevos grupos, EXO-K y EXO-M. Se los describía como «las nuevas bandas de chicos que liderarán la industria musical a partir de ahora» y, como Soo-man ya había dicho, iban a debutar el mismo día, a la misma hora, con la misma canción, en Corea y en China respectivamente.

SM Entertainment estaba a punto de lanzar dos bandas con el mismo nombre, aún sin revelar, una formada por surcoreanos y la otra por integrantes chinos.

El 23 de diciembre, un breve vídeo de YouTube titulado *Teaser 1_Kai*, un avance, mostraba a un bailarín guapo y carismático realizando movimientos elegantes con un tema de fondo, mezcla de *R&B* y *blues*, que más tarde se conocería como *My lady*. Los fans estaban ya al quite. En cuarenta y ocho horas el vídeo había acumulado miles de reproducciones. Cuatro días después, Kai volvía a aparecer junto a otro bailarín, Luhan, interpretando un tema más de tipo hip-hop llamado *Time control*. Al día siguiente, llegó Tao, que ofrecía una exhibición emocionante y acrobática de artes marciales. Junto con cada presentación, subían fotos del último integrante a la página web. Los seguidores querían saber más, pero estaban confundidos. ¿Por qué no dejaban de enseñarles contenido de Kai cuando quedaban aún tantos integrantes por conocer? ¿Se iban a lanzar todos esos temas en el debut? ¿Las artes marciales serían una cualidad especial de EXO?

El 29 de diciembre, se anunció otro nuevo miembro: Chen aparecía con los otros tres integrantes en una foto preciosa de los cuatro tumbados en una cama. Más tarde ese mismo día, salieron en el programa anual de televisión *SBS Gayo Daejeon*, que se traduce como «Festival de Música Pop Coreana», junto a otras estrellas más conocidas de SM. Una vez más, Tao dejó alucinados a los seguidores con su baile de artes marciales, actuando junto a Victoria del grupo f(x), y Kai y Luhan bailaron con Taemin y Eunhyuk de los grupos SHINee y Super Junior respectivamente. Luego, en la sección SM Orchesta, Chen demostró por primera vez su magnífica habilidad vocal y los cuatro se unieron a las estrellas más experimentadas de SM en una actuación final. ¿Esto era EXO? Nadie lo sabía con seguridad, pero estaba claro que habían impresionado al público y, en Internet, los fans especulaban con que el debut ocurriría muy pronto.

A comienzos de 2012, aparecieron más avances de Kai. Sin duda alguna, parecía ser el representante del grupo. Aunque nadie cuestionaba su talento como bailarín ni su gran belleza, algunos se preguntaban a qué se debía la obsesión de SM con él. Sin embargo, el séptimo avance despertó más interés, ya que se presentó a Sehun junto a Kai. Ambos bailaban, uno con pantalones blancos y chaqueta brillante y el otro, el mismo atuendo pero al revés, mientras unas enormes sombras seguían cada uno de sus movimientos.

El octavo avance, estrenado el 10 de junio de 2012, fue toda una revolución. Era un avance de Sehun, pero en las sombras se podía ver una foto grupal de los doce integrantes. ¡Era la primera vez que se veía a EXO al completo! Además, el vídeo tenía un tema instrumental de fondo que enloqueció a los seguidores. Hasta entonces, la música había tenido una acogida relativamente buena, pero la gente estaba impaciente por ver si, como había prometido SM, el nuevo grupo podría ofrecer algo especial. *Black Pearl*, una canción *electro-bop* que dejó a los seguidores con ganas de más, fue su respuesta.

El noveno avance volvió a superar las expectativas. ¿Sehun y Luhan en una caravana en un mundo desértico con dos lunas? Era la primera vez que cantaban y, de nuevo, la canción conectó de inmediato con la audiencia. Por eso, *Into Your World*, canción que reapareció más tarde con el nombre de *Angel*, siempre será una de las preferidas de los fans. Millones de personas estaban ya enganchadas a los avances. Cada nuevo vídeo se había grabado de una manera espléndida con una banda sonora cautivadora y parecía estar lleno de pistas.

Y no dejaban de aparecer. Kai, Sehun y Tao volvieron a salir y, para el 24 de enero, ya sabíamos de la existencia de Lay y Xiumin. La mayoría de los grupos suben unos cuantos avances antes de debutar. Al cabo de un mes, los EXO ya habían publicado doce y ¡solo conocíamos a siete integrantes!

Entonces, justo cuando los seguidores empezaban a desesperarse, SM les dio algo con lo que obsesionarse: una canción entera con su propio vídeo musical. Lanzaron la balada tierna y conmovedora *What Is Love*, tal como habían prometido, en una versión coreana y otra china. Baekhyun y D.O., a los que aún no se había presentado, cantaban la versión coreana, mientras que Chen y Luhan lo hacían en chino. *What Is Love* consiguió algo mágico. A los seguidores les encantó esa tierna balada y, aunque a algunos les pareció que el estilo posapocalíptico y de ciencia ficción del vídeo era difícil de entender, se divirtieron identificando a los integrantes que aún no habían salido en los vídeos. El vídeo de la canción en coreano entró incluso en el Top 100 de YouTube.

Cada pocos días se publicaban más avances y los fans se quedaban boquiabiertos con la calidad de la música que estaban escuchando, aunque solo fueran adelantos de dos minutos. En esos vídeos se encontraban canciones que se convertirían en favoritas en un futuro, *Two Moons* y *Let Out the Beast*, y vídeos de canciones como *Phoenix*, *Emergency* y *Metal* que nunca llegaron a estrenarse, pero que tuvieron un gran impacto en su momento. Mientras tanto, SM presentaba periódicamente a nuevos integrantes, dando a conocer a D.O. y a Baekhyun, los miembros octavo y noveno, a finales de enero.

En el avance decimosexto, emitido en San Valentín, salía D.O. y un rostro nuevo, Suho, en el vídeo más enigmático que habían sacado hasta la fecha. En un entorno rural y desolado, se cruzaban los caminos de ambos, al parecer sin que ninguno se diera cuenta de la presencia del otro. Suho se sentaba a una mesa (en mitad de la nada) mientras que D.O. hacía volar una cometa con el logo de EXO. Había un eclipse solar (un tema recurrente en muchos de los avances) y, en ese momento, parecían reconocerse mutuamente. No se aclaraba nada, pero los mensajes inescrutables de SM parecían ser profundos y significativos. Al día siguiente, presentaron a Suho como el décimo integrante de EXO.

Después conocimos al integrante número once de EXO, Kris, que apareció en solitario en el avance decimoséptimo, en el que, mientras se produce otro eclipse, como un dios vestido entero de blanco con una capa voladora, saltaba de la parte más alta de un edificio. El 21 de febrero, Chen regresó por fin junto a Lay y a Baekhyun, siendo este el primer y único avance en el que aparece, con otro tema de fondo, *Beautiful*, que pedía que se le escuchara en bucle. Ambos contenían más eclipses, pero las quejas sobre lo confusas que eran las tramas quedaron silenciadas por las voces que se preguntaban: ¿cuántos jóvenes guapos más podría incluir SM en un mismo grupo? ¿Y cuántas canciones épicas tenían ya grabadas?

Todavía faltaba un integrante por presentar. El vigésimo avance estaba dedicado a Chanyeol y, una vez más, iba cargado de simbolismo. Chanyeol esbozaba una sonrisa astuta mientras observaba, a solas, un eclipse en un cobertizo destartalado. Muchos afirmaban que el último integrante era el más guapo de todos mientras que otros adoraban la canción que lo acompañaba, *El Dorado*.

Hubo tres avances más, incluyendo a Kai bailando al ritmo de *Baby Don't Cry*, otra canción que se convertiría en una de las favoritas de los fans. El cartel ya estaba completo, aunque todavía no se sabía con certeza quiénes formaban parte de cada subgrupo, pero todo se aclaró muy pronto. El 9 de marzo, se publicó otro vídeo antes del debut, con versiones de los dos grupos, EXO-K y EXO-M, compuesto cada uno por seis integrantes.

Los seguidores ya se estaban cansando de los avances interminables y frustrando por tener solo fragmentos de canciones que podían ser brillantes, pero, con el estreno de *History*, hicieron borrón y cuenta nueva. Una canción que desprendía buen rollo y dinamismo, llena de partes pegadizas y con un estribillo magnífico, es decir, todo lo contrario a *What Is Love*. El vídeo tenía la misma temática que el resto, mostrando a todos los integrantes en un planeta alienígena, y, aunque la ropa parecía un poco extraña, bueno, eran de otra galaxia.

Si los seguidores comenzaban a cansarse de los avances interminables, con *History*, hicieron borrón y cuenta nueva.

Así pues, ya era oficial. Por un lado, estaba EXO-K formado por los vocalistas Baekhyun, D.O. y Suho, con Chanyeol a cargo del rap y dos bailarines, Kai y Sehun. Y, por el otro, EXO-M, que tenía como vocalistas a Lay, Chen y Xiumin, con Kris como rapero y con Luhan y Tao como bailarines. Aunque muchos dieron por hecho que todos los integrantes de EXO-M eran chinos, Chen y Xiumin eran surcoreanos y tuvieron la dura tarea de tener que asimilar una nueva cultura y aprender mandarín ¡en muy poco tiempo! Cada grupo de K-pop necesita un líder y Suho, que era el que llevaba más tiempo dentro de la empresa, fue elegido líder en EXO-K mientras que Kris, el mayor de los integrantes chinos, se convirtió en el líder de EXO-M.

Era marzo de 2012. SM había lanzado veintitrés avances y múltiples fotos de cada uno de los integrantes. Los fans habían acogido con entusiasmo los dos vídeos prólogo de EXO y estaban listos para lo que fuera que les tuviera preparado SM. Hasta ahora, el plan de Lee Soo-man había funcionado bastante bien, pero la prueba de fuego estaba a la vuelta de la esquina…

2

El debut

En algún momento, los avances tenían que acabar. Por fin había llegado la hora de que los EXO se subiesen al escenario para el rito de iniciación en el K-pop: el debut. Debutar es el sueño que motiva a los *trainees* de las compañías de K-pop a superar las interminables horas de ensayos. Es el nacimiento de un grupo, su estreno y la mayor prueba de sus jóvenes carreras, todo combinado en una explosión de eventos mediáticos cargados de adrenalina. Es su gran oportunidad para conectar con el público y muchos artistas, incluso aquellos a quienes respaldan grandes empresas de entretenimiento, pueden fracasar en este primer obstáculo.

Se desveló que el debut de EXO-K y EXO-M sería el 31 de marzo de 2012, justo cien días después del lanzamiento del primer avance. Esto no era casualidad; cien días es un período que la cultura coreana conmemora. *Baek-il*, como se le conoce, se remonta a los días de alta mortalidad infantil, cuando, si el bebé había sobrevivido cien días, estaba preparado para salir a la calle y presentarse ante el mundo. Así pues, el debut de EXO iba a ser su *baek-il*.

Por supuesto, muchos entusiastas del K-pop ya habían visto al «bebé» EXO. Los avances habían presentado a los doce miembros del grupo y habían ofrecido anticipos de muchas de sus canciones. De manera asombrosa, habían acumulado unos treinta millones de visitas y generado mucha curiosidad, entusiasmo y pasión no solo en Corea del Sur y China, sino también en Extremo Oriente, Europa, Oriente Próximo y América. El Estadio Olímpico de Seúl, el lugar de su concierto debut, recibió ocho mil solicitudes para solo tres mil entradas disponibles. ¡Sin presiones!

Era el primer grupo *rookie* de SM en cuatro años. Los artistas con más experiencia de la compañía, como Super Junior y SHINee, habían puesto el listón muy alto y ningún grupo de K-pop había tenido una promoción previa al debut tan intensa. ¿EXO cumpliría con las expectativas? «Sentimos mucha presión, como es natural —dijo Chanyeol en la conferencia de prensa del concierto—. Los grupos experimentados nos han abierto el camino muy bien, así que nos preocupa no estar a la altura... Pero creo que trabajamos más y mejor a medida que crecen las expectativas sobre nosotros.» Fue Leeteuk, el líder de Super Junior, quien salió al escenario del Estadio Olímpico para presentar el debut del grupo del que había sido mentor durante sus días como *trainees*, pero ni siquiera él podría haber previsto la eufórica reacción de los seguidores, que gritaban y blandían varitas fluorescentes cuando los EXO empezaron el espectáculo con una actuación en directo de *History*. Primero, EXO-K, luego, EXO-M y, después, los doce juntos llenaron el escenario con movimientos sincronizados y coreografías complejas. Era difícil saber adónde mirar.

Sin embargo, pronto el público pudo centrarse en los miembros del grupo de forma individual, desde Kai, conocido por los avances, que bailaba en solitario, a Baekhyun y a D.O., quienes atrajeron casi todas las miradas al cantar a dúo *What Is Love*, y Chanyeol y Kris, que se enfrentaban en una batalla de rap. Más tarde, los doce aumentaron la temperatura con la primera actuación en vivo de *Mama*.

Al día siguiente, todavía entusiasmados por la reacción del público, volaron a China para repetir el concierto. Era un grupo novato que aún estaba por debutar, pero, aun así, cientos de seguidores les recibieron en el aeropuerto. El espectáculo tuvo lugar en el salón de actos de la Universidad de Negocios Internacionales y Economía de Pekín, un espacio mucho más reducido que el Estadio Olímpico, pero solo hubo cambios menores en el formato y, de nuevo, el público enloqueció.

Durante la semana siguiente, mientras SM subía a la red la grabación del espectáculo de Seúl y publicaba fotos de la portada del próximo álbum, los seguidores y el grupo tuvieron tiempo para asimilarlo todo. Kai y Kris triunfaron al instante

> Primero, EXO-K, luego, EXO-M y, después, los doce juntos llenaron el escenario con movimientos sincronizados y coreografías complejas. Era difícil saber adónde mirar.

en las redes sociales, el adelanto del videoclip había suscitado interés, las voces principales eran realmente impresionantes y los fans ya disfrutaban con la evidente camaradería entre los miembros, sobre todo cuando Luhan mencionó en una ronda de preguntas y respuestas lo adorable que era el *maknae*, Sehun, y que sentía que tenía que cuidarlo. Hubo quien pensó que Suho tendría que haber protagonizado un avance en vez de conformarse con un montaje de instantáneas, pero el mayor interés se centraba en Tao y en Kai, quienes se hicieron daño al bailar en el concierto de Pekín y tuvieron que ayudarlos a abandonar el auditorio.

Un grupo de ídolos no puede afirmar haber debutado hasta que ha actuado en un espectáculo musical importante. Después de todas las fotos en Facebook, los avances, las canciones prólogo y los dos conciertos, el domingo 8 de abril de 2012 fue el punto álgido: el debut de los grupos gemelos en televisión. Siguiendo los planes de Lee Soo-man, las dos mitades de EXO se separaron para promocionar el grupo en países distintos. EXO-K debutaría en el programa musical *Inkigayo*, en Corea del Sur, mientras que EXO-M aparecería en la retransmisión en directo de la ceremonia de entrega de los Premios Mengniu Music Chart, en China.

Incluso seis años más tarde, Kai recordaba lo nerviosos que estaban en el escenario de *Inkigayo*. Gritaron su saludo «We are one!» («¡Somos uno!») y se mostraron torpes y tímidos durante la entrevista. Bien es sabido que D.O. se trabó en la descripción de su sonido al referirse a él como una orquesta «superior» en vez de «potente» (ambas palabras empiezan de un modo similar en coreano), momento que, durante mucho tiempo, ha sido incapaz de ver. Pero, cuando se subieron al escenario a presentar *History* y *Mama*, hicieron una coreografía impecable y, con su baile, transmitieron energía y dramatismo. Además, estaban estupendos ataviados con chaquetas blancas y negras de cuero y pantalones pitillo con adornos plateados y purpurina. Los coros de los admiradores en el estudio se oían incluso por encima de la música. Era un grupo debutante con una legión de seguidores ya formada.

Mientras tanto, en China, los EXO-M, vestidos también de blanco y negro, pero con un toque más moderado acorde con el conservador mercado chino, daban la misma actuación impecable delante de un público entusiasmado. Aunque la entrevista fue corta, hubo tiempo para que Kris le pusiese los puntos sobre las íes a la maestra de ceremonias después de que esta dijese a los seguidores que no servía de nada gritar, ya que los EXO-M no entendían el chino. Más tarde, el público disfrutó de un retazo de la impresionante voz de Luhan cuando cantó un par de versos de la exitosa canción *Most Beautiful*, del gran dueto chino Yu Quan, mientras estos veteranos recibían un premio.

Con todo el bombo que se le dio al lanzamiento de los cien días, era inevitable que hubiese quien le pusiera pegas al debut. «¿Y ya está? ¿Eso es todo?», se preguntaron varios observadores decepcionados mientras otros se daban cuenta con amargura de que el grupo había hecho *playback* durante sus actuaciones (probablemente una buena estrategia, dado lo nerviosos que estaban). Los propios EXO-K estaban decepcionados con su primera retransmisión en directo porque habían tenido problemas con los auriculares y para seguir a las cámaras. No obstante, su respuesta fue ensayar más y utilizar los consejos de los más experimentados de SM.

El líder de Super Junior, Leeteuk, hizo hincapié en que necesitaban ser un equipo unido mientras que Yunho, de TVXQ, pese a estar en Japón, habló por el manos libres con los chicos, que estaban en el camerino después de su actuación en *Inkigayo*. «Nos aconsejó que cantásemos mientras corríamos todas las mañanas —dijo Baekhyun—. Así lo hicimos y supuso un verdadero cambio en nuestras actuaciones en directo.» Además, Super Junior regaló a los EXO-M una experiencia con mayúsculas en abril, cuando les pidió que actuaran como invitados especiales en su concierto ante veinte mil personas en el Estadio Internacional Mata Elang, en Yakarta, Indonesia.

Al terminar el fin de semana, los dos subgrupos de EXO ya habían despegado y habían lanzado *Mama* como sencillo digital y videoclip tanto en coreano como en mandarín. Escrita y producida por Yoo Young-jin, el creador de grandes éxitos de SM, *Mama* se utilizó en el sentido coreano de «Su Majestad». No era un himno a la maternidad, sino un lamento a un ser superior, la Madre Naturaleza, preguntándole por qué el mundo digital pone tantas trabas a nuestra comunicación.

> Con todo el bombo que se le dio al lanzamiento de los cien días, era inevitable que hubiese quien le pusiera pegas al debut.

Con versiones similares para cada subgrupo, el vídeo muestra a EXO al mundo en seis minutos épicos, cargados de dramatismo. Empieza con una animación sofisticada y la voz retumbante de un narrador que cuenta cómo, amenazadas, las doce fuerzas del Árbol de la Vida del Planeta EXO se habían dividido en dos y escondido hasta el momento en el que se reunirían y «surgiría un nuevo mundo».

El vídeo muestra a los chicos vestidos de monjes entonando un cántico al estilo gregoriano que resulta no ser latín, sino casi inglés: un grito angustiado que acaba con «*No one care about me*» («A nadie le importó»). Después, salta de unas localizaciones a otras sin problemas, incluyendo un desolado paisaje rocoso, una elegante ciudad de ciencia ficción, una caverna supermoderna y una azotea futurista. El estilismo es una pasada, la coreografía es impecable y los efectos especiales y cambios de escenario dejaron a los espectadores con la boca abierta.

A medida que la canción se aproxima a su punto álgido, la coreografía aumenta el ritmo, las patadas y los puñetazos vuelan en perfecta sincronía antes de que los interrumpa un grito apasionado, casi al estilo del *heavy metal*. En la versión de EXO-K, este procede de un Kai asustado y poseído con la cara tatuada con el símbolo de la banda, las palabras «EXO del Planeta EXO 2012» y los nombres de los miembros del grupo, mientras que un Xiumin convertido en zombi y un Kris con estilo alienígena, ambos con la cara pintada de forma más sutil, son los encargados de dar el grito en la de EXO-M. El vídeo avanza con los monjes ahora exiliados en un paisaje urbano moderno.

Algunas personas, incluso muchos del grupo, no se sentían del todo cómodos con la mitología creada, pero hay que reconocer que SM lo hizo de forma adecuada y el vídeo tiene clase y calidad. Todo el mundo respiró hondo. EXO había aterrizado con un vídeo rebosante de energía y estilo: los detractores tendrían que buscar a fondo para encontrar algún fallo.

Mama fue la canción principal del EP debut de ambos subgrupos con el mismo nombre, lanzado el 9 de abril de 2012. Como declaración de intenciones, era ambiciosa e impresionante. Una canción épica marcada por un ritmo palpitante de batería desde los cánticos del inicio y con un sonido clásico de cuerda, un toque de pop rápido, un coro al estilo *dubstep,* un rap e incluso algo de *metal,* todo esto mientras se mantiene una melodía pegadiza. En EXO-M, Chen destacó por su voz, a la vez que, en EXO-K, D.O. y Baekhyun empezaban a atraer la atención por su trabajo vocal.

EXO había aterrizado con un vídeo rebosante de energía y estilo: los detractores tendrían que buscar a fondo para encontrar algún fallo.

El EP también incluía las canciones previas al debut *What Is Love* y *History,* junto con otras tres que se habían presentado brevemente en varios tráileres. El ritmo medio y reconfortante de la balada *Angel* (también conocida como *Into Your World*) sirvió de escaparate para los vocalistas de EXO, con Suho deleitando a los seguidores de EXO-K y Lay y Luhan sobresaliendo en la versión, un poco más suave, de EXO-M. El rap simple pero pegadizo de *Two Moons* (que entraba de lleno en la mitología de EXO) contaba con Key, a quien EXO-K tomó prestado de SHINee para la parte en inglés, mientras que los coros de Xiumin le dieron a la versión china un delicado matiz increíble. Para completar el EP, se volcaron en el pop con *Machine*, una canción al más puro estilo *boyband* que incluso hoy sigue siendo una de las favoritas de sus admiradores.

Mientras los dos grupos continuaban promocionándose en espectáculos musicales, la atención se centró en las listas de éxitos para comprobar cómo les había ido a los lanzamientos. En China, EXO-M consiguió ser el número uno de la lista Sina Album Chart y *Mama* llegó a lo más alto de varias listas de sencillos. En Corea, EXO-K vio cómo su EP alcanzaba el primer puesto de la lista Korean Gaon Album e irrumpía en el número ocho de la lista mundial de Billboard (Billboard World Albums Charts). Aunque *Mama* no causó un impacto notable en las competitivas listas coreanas, llegó al séptimo puesto en la lista mundial de YouTube, por lo tanto, EXO-K había dejado una huella evidente en el panorama internacional.

Años más tarde, el debut de EXO se convertiría en un tema de debate. En algunas ocasiones, tanto seguidores como «antis» (los que critican al grupo en redes sociales) los han calificado como «debutantes fracasados». Es cierto que se invirtió mucho dinero en ellos antes del debut y se les dio mucho bombo, pero que fueran los elegidos de SM Entertainment también suscitó hostilidad por parte de quienes creían que EXO tenía una ventaja injusta sobre otros grupos. Esperaban poder señalar al grupo como el primer y mayor error de SM y, para quienes buscaban atacarlos con críticas maliciosas, nada de lo que EXO hubiese conseguido en su debut habría sido suficiente para justificar tanta expectación.

Por otro lado, cuando al fin EXO se convirtió en un supergrupo, algunos admiradores usaron la acusación de que habían sido un fracaso para crear un mito. Estos chicos, a quienes se les despreció como *nugus* (un término ofensivo del K-pop que significa «don nadie»), habían trabajado y luchado por abrirse camino desde la oscuridad hasta el estrellato y que llegaran tan alto empezando con un debut tan desastroso le dio a su historia un toque de cuento de hadas.

La verdad es que el grupo tuvo que debutar entre grandes expectativas, sabiendo que no podría agradar a todo el mundo. Consiguieron aparecer en primera plana, causar un impacto en las listas de éxitos y crear una gran comunidad de seguidores que adoptó el nombre de «*exotics*» (un término que surgió entre los fans internacionales). No triunfaron de la noche a la mañana, pero lo que les importaba en ese momento era el próximo movimiento de EXO. ¿EXO-M demostraría tener un éxito duradero en China? ¿Ganaría EXO-K el codiciado e importantísimo premio *rookie* en las entregas de premios de finales de año? ¿Un álbum entero les traería los mismos galardones y la misma gloria que a aquellos con más experiencia en SM?

3

Besos y abrazos

*E*l K-pop tiene sus propias costumbres. Debuts, programas musicales, galas de premios y *comebacks* marcan la carrera de los artistas de este género. Con una campaña de lanzamiento extravagante y los sencillos predebut, los EXO habían cambiado el concepto de debut. Y ahora que la bandera de este grupo ondeaba en lo alto, a ambos lados del mar Amarillo, los seguidores sabían qué podían esperar, ¿no? Bueno, no del todo...

A lo largo de abril y mayo de 2012, los grupos gemelos siguieron promocionando el EP en Corea del Sur y China. Además de volar hasta Indonesia, donde serían los artistas invitados en los grandes conciertos de Super Junior, varios programas de la televisión china entrevistaron a EXO-M, incluido *Happy Camp*, un programa de variedades muy popular que atrae a decenas de millones de espectadores. Dicha entrevista se grabó en la ciudad natal de Lay, Changsha, y mostró a los chicos más relajados que nunca. Lay se convirtió en el centro de gran parte de la diversión, pero los demás se le unieron mientras jugaban al fútbol con prismáticos. Pusieron a prueba la aplicación de «medidor de feos» y exhibieron sus talentos, desde los andares de pasarela de Kris y el baile de artes marciales de Tao hasta la cara de *baozi* (bollito) que pone Xiumin.

Por otro lado, los EXO-K trabajaron a destajo participando en todos los programas de música coreanos semanales, cantando en directo en algunos de ellos y asistiendo a firmas por todo el país. En el mundo ultracompetitivo del K-pop, la etapa que sigue al debut es un momento difícil. Tienen que evitar perder el impulso del inicio, mantener la fama y ganar nuevos admiradores, pero los grupos ya existentes dominan los conocidos espectáculos de variedades de Corea del Sur, como *Weekly idol*.

Sin embargo, los EXO-K se aseguraron una aparición en el Dream Concert, un evento que se realiza cada año, delante de 35.000 fans, en el Seoul World Cup Stadium. Junto a grupos como TVXQ, 2PM y TTS, el subgrupo de Girls' Generation, como cabezas de cartel, los EXO-K estaban casi al final de la lista, pero fueron los únicos *rookies* a los que se invitó a actuar. Para los *exotics*, no solo fue una oportunidad de tenerlos en el escenario con un novedoso conjunto de traje y corbata, sino también de verlos cantando algo nuevo, una versión del *Sorry, Sorry* de los Super Junior.

La promoción del EP terminó con éxito a mediados de mayo, pero aún tenían preparada otra sorpresa para los admiradores. Por primera vez desde su presentación, tanto los EXO-K como los EXO-M aparecieron juntos en el programa de música *Inkigayo*.

A finales de mayo, los dos subgrupos participaron en su primera firma conjunta con doscientos fans invitados (aunque mil más se reunieron para verlos), antes de embarcarse en la Gira Mundial SM Town Live junto a los mejores artistas de la compañía discográfica, incluyendo a SHINee, Super Junior, Girls' Generation, f(x) y BoA. La primera parada fue en Los Ángeles para un concierto extraordinario en el Honda Center de Anaheim. Los chicos se las apañaron para escabullirse y viajar en grupo a Disneylandia, pero volvieron a tiempo para cantar en el concierto, donde interpretaron *Mama* y *History*.

> ### EXO [MAMA] @SBS *Inkigayo* 인기가요
> ### May 20 2012
>
> Esta actuación especial se organizó en *Inkigayo* como agradecimiento a los seguidores que los habían apoyado desde su debut y que compraron más de 100.000 copias de los primeros álbumes de los grupos. Aunque se habían presentado cantando su *We are one!* («¡Somos uno!»), las dos mitades de EXO habían actuado en países diferentes desde su debut. Sin embargo, rebosaban tanta confianza (incluso fanfarronería, ¡sí, sí, te miramos a ti, Kai!) que posiblemente fuera la mejor interpretación televisiva que hicieron de la canción y, cuando los doce miembros del grupo se reunieron en el escenario, la sensación de poder era más que palpable.

Durante los meses siguientes, estuvieron de gira en Taiwán, Tokio, volvieron a Seúl y fueron a Yakarta. En cada ciudad, interpretaron solo esas dos canciones, pero algunos de ellos aparecieron en otros momentos del espectáculo. Sehun y Luhan tuvieron la oportunidad de bailar con SHINee; D.O., Luhan, Sehun y Chanyeol cantaron *DJ got us fallin' in love* con TTS; Kris versionó *Like a G6* con Key de SHINee y con Amber de f(x); y tanto Kai como Tao participaron en batallas de baile.

Los grupos pasaron el verano actuando en festivales pequeños de sus respectivos países. Fue una temporada de público reducido (¡se dijo que a los EXO-K se les había pagado con arroz por un espectáculo!) y arduo trabajo, lo que se les suele olvidar a aquellos que afirman que son los niños mimados de SM. En octubre, ambas agrupaciones participaron en el festival *Hallyu*. Los EXO-K se quedaron en Seúl para cantar en un concierto para calentar motores de cara a los Juegos Paralímpicos de Invierno del año siguiente, mientras que los EXO-M volvieron a California para el KCON, la exposición de cultura coreana cuya atracción principal era un concierto de K-pop. A pesar de un cartel que contaba con B.A.P., VIXX y NU'EST, Kris y los chicos fueron los que recibieron la bienvenida más ruidosa. Hicieron una pequeña actuación y participaron en una sesión de preguntas y respuestas. Terminaron el concierto con *Mama*, un espectáculo que Soompi, la página web de K-pop, describió como «una de las actuaciones destacadas de la noche».

Fue una temporada de público reducido (¡se dijo que a los EXO-K se les había pagado con arroz por un espectáculo!) y arduo trabajo, lo que se les suele olvidar a aquellos que afirman que son los niños mimados de SM.

Todos los ojos estaban puestos en la temporada de premios, un momento crítico para cualquier cantante de K-pop. Como protegidos de SM Entertainment, había una presión enorme alrededor de EXO para que celebraran su debut con un premio. «Dado que todos los artistas consumados recibieron el premio *rookie*, sentimos que nosotros también tenemos que ganarlo —dijo Sehun en una entrevista—. Queremos superar la popularidad de los más experimentados.» Sin embargo, la preocupación estaba en que ya habían pasado más de siete meses desde su debut y no había ninguna canción nueva. ¿Jugaría eso en su contra?

Aunque todos los premios se agradecen, en el género K-pop algunos tienen más peso que otros. A los EXO-K se les había concedido premios más pequeños por *Mama* y los EXO-M habían recibido premios *rookie* en China; no obstante, codiciaban los prestigiosos Golden Disc Awards, Seoul Music Awards (SMA), Mnet Asian Music Awards (MAMA) y Melon Music Awards (MMA).

Los MAMA son los más conocidos a nivel internacional y los EXO-K se disputaban, mano a mano con B.A.P., el Premio al Mejor Grupo Revelación, lo que provocó una rivalidad feroz entre los seguidores de ambos grupos. Los EXO actuaron en los premios y, en el momento más sorprendente de la noche, los SHINee se les unieron para cantar *Lucifer*, su éxito del 2010. Por desgracia, no se llevaron el premio a casa. El único consuelo para los *exotics* fue que B.A.P. tampoco lo ganó; para sorpresa de todos, se le concedió al grupo indie Busker Busker.

Los EXO-K tampoco consiguieron ganar los premios Golden Disc ni los Melon al grupo revelación. Eso fue más gasolina para los críticos, que parecían deseosos de tildarlos de fracasados. Más tarde, el 31 de enero de 2013, en la recta final de la temporada de premios, llegaron los Seoul Music Awards, un evento muy importante en Corea del Sur, y se vio a los miembros del grupo muy emocionados dirigiéndose al escenario del Olympic Handball Gymnasium para recoger el premio a Artistas Revelación. Suho no paraba de sonreír al dar el discurso de agradecimiento, aunque, por supuesto, tuvo que compartir los focos con Chanyeol, que estaba encantado de cuidar del trofeo por él. ¡Ay, ojalá hubiera sabido entonces que no quedaba nada para que recoger trofeos en los SMA se convirtiera en una costumbre para EXO!

Los EXO habían salvado el primer obstáculo. Habían terminado su año de novatos con un premio y, por el camino, habían adquirido una valiosa experiencia escénica y ganado seguidores en sus países y en el resto del mundo. Pero los *exotics* empezaban a preocuparse un poco. Ya habían pasado nueve meses desde el debut. La mayoría de las bandas *rookie* ya hubieran regresado con un EP o incluso con un álbum completo. Los fans sabían que los EXO tenían material porque habían escuchado fragmentos en los primeros avances. Sin embargo, cuando el invierno dio paso a la primavera, seguía sin haber ni avances ni cuenta atrás ni tan siquiera una sesión de fotos.

Hacer un «parón» es bastante habitual en el mundo del K-pop. Los grupos se toman un descanso, ya sea para hacer el servicio militar, para preparar un trabajo en solitario o simplemente para relajarse, pero ¿hacerlo después de un debut? Los primeros fans encontraron un nombre ingenioso para este momento, la *«Airport Era»* (la Era del Aeropuerto). Las eras se suelen asociar a *comebacks* y álbumes, pero para los *exotics* se basó en fotos que los fans hacían a la banda en los aeropuertos, en vídeos de YouTube de la gira SM Town Live y en un breve cameo en el K-drama adolescente *To the Beautiful You*.

Dicen que lo que no te mata te hace más fuerte, y muchos creen que este tiempo fue clave para reforzar la increíble lealtad y la dedicación de los seguidores de EXO. Los rumores de un *comeback* entusiasmaron en redes sociales, pero al final fueron infundados. Sin embargo, los admiradores no se dieron por vencidos. Mientras que otros amantes del K-pop sugirieron que en SM estaban dejando que el grupo desapareciera o habían decidido que ya no eran lo bastante buenos para volver a los escenarios, los *exotics* defendieron a sus *idols* a capa y espada.

> Dicen que lo que no te mata te hace más fuerte, y muchos creen que este tiempo fue clave para reforzar la increíble lealtad y la dedicación de los seguidores de EXO.

Lo sorprendente fue que esto fortaleció al *fandom*, la comunidad de admiradores. Se divertían con *fanfics* (historias escritas por los seguidores), dibujos y vídeos creativos. Los memes se volvieron virales, sobre todo los que se inspiraban en letras de canciones mal entendidas. «*Roar like a buffalo*» (Mugir como un búfalo) de *Two Moons* se convirtió en «*Roll like a buffalo*» (Rodar como un búfalo); de la parte de Chen en la canción *What Is Love*, «*Girl, I can't explain what I feel*» (Nena, no puedo explicar lo que siento) cambió a «*Gull, I can't explain what I feel*» (Gaviota, no puedo explicar lo que siento), en alusión a una bandada de aves marinas. Y puede que el mejor meme se creara cuando los angloparlantes entendieron que Luhan cantaba «*Listen, enjoy the mayo*» («Escuchad, disfrutad de la mayonesa») al principio de *History* de EXO-M, lo que dio lugar a cientos de chistes sobre esta salsa.

En esta atmósfera febril de diversión, creatividad y grandes expectativas, surgió, por primera vez, la esperanza de que hubiera un posible indicio del *comeback* de EXO. A finales de febrero de 2013, se subió a SoundCloud una pista con el nombre *Wolf*. Era una grabación mal mezclada, pero en la que se reconocía a EXO y cogió por sorpresa a los *exotics*. Algunos estaban indignados. «Es horrible —se quejaron—. Es una canción muy mala y desafinada.» Luego, se rieron, sobre todo con el verso *saranghaeyo* («Te quiero»). Algunos afirmaban que Mickey Mouse se había unido al grupo y otros aseguraban que D.O. debía de estar borracho. Más tarde, un grupo de seguidores empezó a decir: «Oye, pues a mí me gusta bastante. Es cierto que parece una improvisación, pero la mayoría de las maquetas lo son».

No obstante, aún tendrían que esperar un poco más. En abril, los EXO-M demostraron lo lejos que habían llegado en China al recoger el Most Popular Group Award en la decimotercera edición de los Top Chinese Music Awards y el Popularity Award en los Billboard Music Awards del país. Los EXO-K actuaron con ellos en ambas ocasiones y, el 11 de mayo, los doce volvieron a aparecer juntos en el prestigioso Dream Concert, delante de 45.000 personas, en el World Cup Stadium en Seúl. Parecía que los grupos gemelos se estaban juntando más a menudo, ¿significaba eso que…?

Pues sí. Cuatro días después, SM terminó con el sufrimiento de los *exotics*. El *comeback* de los EXO ya estaba aquí. Lanzaron un nuevo álbum completo que se llamó *XOXO* (que significa «besos y abrazos» y, en él, el logotipo del hexágono de EXO se convertía en una X y una O. Ingenioso, ¿verdad?). En lugar de seguir como dos grupos separados, los EXO se unirían para difundir tanto las versiones en coreano como en chino.

Para celebrar el final del primer año de EXO, sacaron dos pósteres como adelanto del lanzamiento con el formato de un anuario de instituto, en los que aparecían los integrantes del grupo con uniformes escolares. En el primero, se les veía repeinaditos, como si fueran alumnos recatados y con buenos modales, mientras, en el segundo, se presentaban como bromistas traviesos, haciendo muecas, hinchando una pompa de chicle (Chanyeol) y guiñando un ojo (D.O.).

Después de una espera tan larga, los *exotics* pudieron disfrutar de avances diarios en los que se veía a los chicos vestidos como si fueran estudiantes modelo y colegiales llenos de vida. En tres fotos de los integrantes vestidos de uniforme aparecía el nombre del grupo. Por otro lado, en las fotos individuales, Kai llevaba trencitas y posaba con su equipo de fútbol americano; D.O. parecía un auténtico rebelde a punto de lanzar una silla; Luhan posaba en una escalera como si estuviera pintando un mural del grupo; Baekhyun era un friki maravilloso con sus gafas blancas; Kris gruñía tirado en la cama de su habitación y Chen se hacía el dormido con la boina puesta y un cómic abierto en el pecho. ¡Ohhhhhh!

Chogiwa! Más o menos podría traducirse como «Lo veo venir», pero para los admiradores es una broma, algo divertido, una fuente de orgullo, una palabra comodín para todo lo que tenga que ver con EXO. También es la primera palabra de *Wolf*, el vídeo musical con el que volvieron y que se subió a YouTube el 30 de mayo de 2013. «*Chogiwa!*» fue la respuesta de muchos fans al

> Para celebrar el final del primer año de EXO, sacaron dos pósteres como adelanto del lanzamiento con el formato de un anuario de instituto, en los que aparecían los integrantes del grupo con uniformes escolares.

vídeo y a la propia pista y, con el tiempo, *Wolf* se ha convertido en la canción que todos dicen que odian, pero que escuchan en secreto por las noches.

Los seguidores apoyaban a EXO; les encantaba el aspecto, las voces y las increíbles dotes de baile de los chicos. Pero, al intentar que fueran diferentes, SM se lo había puesto difícil. El vídeo de *Wolf* mostraba una coreografía increíble y sofisticada. La ideó Tony Testa, el maestro de baile estadounidense, y, como Kris reveló más tarde, tardaron meses en aprendérsela, pero esos pasos, tratar de parecer duros y, en definitiva, actuar como si fueran lobos hizo que muchos seguidores se avergonzaran o, aún peor, se rieran. De igual manera, la canción mezclaba rap, cantos y coros al azar y *dubstep* de fondo. Era mucho mejor que la versión que se filtró y también más pegadiza, pero ¿a qué venían los gruñidos y esos aullidos agudos?

Sin embargo, la percepción de esta canción cambió para muchas personas cuando los doce integrantes de EXO subieron al escenario de *M Countdown* para su primera promoción en un programa de música en televisión y el público se vino arriba. Su actuación fue épica y dramática. Clavaron la coreografía y mostraron mucha energía y carisma. Los admiradores también contribuyeron cantando y ayudando a crear un ambiente increíble.

Durante los días siguientes, continuaron actuando en espectáculos musicales y, después de aparecer en *Inkigayo* el 2 de junio, celebraron un encuentro sorpresa con sus fans en un parque cercano. Es increíble que fueran más de 2.000 aficionados a saludarlos. Los EXO habían vuelto. Al día siguiente, *Wolf* salió como sencillo digital en versión coreana y en mandarín, y se lanzó el formato físico del álbum *XOXO*, una edición *Kiss* («Beso») en Corea y una edición *Hug* («Abrazo») en China.

La excentricidad y teatralidad de *Wolf* hicieron que se le prestara atención a EXO. Sin embargo, el álbum dio a los seguidores lo que la mayoría quería del grupo: canciones sólidas, estilos variados y voces que destacasen. La belleza minimalista de *Baby Don't Cry*, la alegría del baile de *Let Out the Beast* y la suavidad de *My Lady*, el tema de cierre, se vieron en los avances del debut y no decepcionaron en sus últimas versiones. Mientras, entre los temas nuevos, estaban *Black Pearl*, una canción que llegó a los corazones de los admiradores internacionales por haberse compuesto con elegancia, con varios ritmos y un número de *R&B* genial, y *Heart Attack*, que sorprendió por la combinación de una balada misteriosa, como de otro mundo, con un ritmo acelerado y palmas.

Esa capacidad de cortar y cambiar de género, desde el hip-hop a las baladas, pasando por el pop típico de una *boyband* y más, dio como resultado un álbum cautivador; todos los temas eran favoritos para un *exotic* u otro. Después de una semana, *Kiss* llegaba al número uno y *Hug*, el número dos en Corea del Sur, encabezaba las listas chinas y una versión combinada llegaba al primer puesto de la lista de los Billboard World Albums.

La paciencia de los *exotics* había dado sus frutos. Habían apoyado a los chicos a pesar de los rumores y los detractores, y EXO había correspondido con un álbum que había gustado a sus seguidores, había sido aclamado por la crítica y se había vuelto muy popular. Como a algunos les gustaba decir entonces: *chogiwástico!*

SUHO

FICHA TÉCNICA

Nombre: Kim Jun-myeon
Nombre artístico: Suho
Fecha de nacimiento: 22 de mayo de 1991
Lugar de nacimiento: Seúl, Corea del Sur
Nacionalidad: surcoreano
Estatura: 1,76 metros
Función dentro de EXO: líder, vocalista
Subgrupo(s): EXO-K
Superpoder EXO: agua

4

Suho

Suho, estiloso y muy educado, es el líder de EXO. Representa al grupo en público y se encarga de cuidar de los demás miembros, aunque eso signifique meterlos en vereda. También es un valioso miembro del grupo por mérito propio: cantante con voz suave como la seda, bailarín magnífico y gran intérprete. Sin embargo, no todo ha sido siempre un camino de rosas. Suho fue *trainee* durante más tiempo que cualquier otro miembro y, en ocasiones, tuvo miedo de no llegar a debutar nunca.

Kim Jun-myeon nació en Seúl en 1991. Creció en el distrito de Gangnam, una de las áreas más adineradas de toda Corea del Sur, y su supuesta riqueza lo ayudó en gran medida a debutar en EXO. Al fin y al cabo, procedía de una zona distinguida, había confesado que le gustaba el golf y, a veces, invitaba a los otros miembros de EXO a comer. No obstante, Jun-myeon ha insistido en que, tanto él como su hermano, cuatro años mayor, crecieron en un ambiente cómodo pero no extremadamente rico: su madre era maestra y su padre profesor de Economía en la Universidad Soonchunhyang.

Jun-myeon es bastante inteligente. En un episodio de la serie de televisión *Problematic Man*, en 2015, reconoció ser el miembro más listo de EXO y, cuando sus resultados académicos de secundaria salieron a la luz, quedó claro que sacaba muy buenas notas. Incluso le pusieron un apodo: Um-Chin-A, es decir, «niño modélico». Sus padres tenían la esperanza de que se hiciera empresario, pero, ya en octavo, cuando le preguntaban qué quería ser de mayor, la respuesta del joven Jun-myeon era «famoso».

Su expediente académico también demuestra que Jun-myeon era un líder nato. Fue delegado de clase en primaria y vicepresidente del consejo de estudiantes en el instituto. No se habla de su belleza, pero las fotos y los recuerdos de sus compañeros la atestiguan. Fue esa belleza lo que llamó la atención de un ojeador de SM cuando acudieron a la competición de baile de su colegio; Junmyeon solo era un espectador, pero ¡le ofrecieron una audición!

No aceptó la oferta de inmediato; un año más tarde y con el apoyo de sus padres, decidió intentarlo y pasó la prueba a la primera. De este modo, en 2006, se unió a SM como *trainee* cuando tenía dieciséis años. La vida del *trainee* es dura, ya que tiene que combinar los estudios con el canto y el baile, pero Junmyeon se dejó la piel, así como los fines de semana y las vacaciones, en la sala de ensayos practicando sus pasos.

Los primeros años fueron buenos. Hizo muchos amigos, entre los que estaban futuras estrellas del K-pop como Kyuhyun de Super Junior, Jonghyun de SHINee y YoonA de Girls' Generation. Fue elegido para participar en una película de Super Junior titulada *Attack on the Pin-up Boys*; apareció, junto con Kai y Chanyeol, en un videoclip de TVXQ llamado *HaHaHa Song*, y viajó a China con Minho, quien más tarde pertenecería a SHINee, para aprender mandarín.

Con el tiempo, sin embargo, Jun-myeon comenzó a sentir que se estaba quedando atrás. Algunos *trainees* más jóvenes que él o que habían empezado a formarse más tarde ya estaban debutando. Después, justo cuando parecía que iba a salir en uno de los proyectos en desarrollo de SM, sufrió un terrible contratiempo: se lesionó una pierna con tal gravedad que fue incapaz de bailar durante un año. Aun así, aunque Kai tenía que ayudarlo a subir las escaleras para ir a la sala de ensayos, estaba dispuesto a participar en todo lo que fuese posible.

Como no podía bailar, Jun-myeon intentó mejorar en otros campos. En 2009, entró en la Universidad Nacional de Artes de Corea y se especializó en interpretación. Por descontado, se lanzó de cabeza: «Iba a la universidad incluso los fines de semana y por las noches iba a SM a ensayar. Gracias a esos momentos extenuantes, empecé a confiar en mí mismo y a darme cuenta de que podría aguantar cualquier cosa porque había superado eso».

Las cosas también parecían mejorar en SM, por fin. Jun-myeon había entrado en el proyecto de grupos gemelos de Lee Soo-man y, como este iba ya viento en popa, tuvo que dejar la universidad a regañadientes. Jun-myeon pasaría a ser Suho en EXO Planet y tendría un superpoder que le permitiría controlar el agua. Tras siete largos años como *trainee*, por fin iba a debutar.

No solo iba a cantar y bailar en el grupo: su nuevo nombre, Suho, significa «guardián» en coreano, así que también sería el líder de EXO-K. En el K-pop, ser el líder del grupo es un papel muy importante. Los líderes hacen de mediadores entre el grupo y la compañía, son responsables del bienestar del resto de miembros y representan al grupo en ruedas de prensa, entrevistas y entregas de premios. Por supuesto, Suho se tomó el trabajo en serio. Pidió ayuda a U-Know Yunho, que había sido el líder de TVXQ, y a Leeteuk, de Super Junior, que hoy en día es considerado uno de los mejores líderes del K-pop.

El liderazgo de Suho también se valora de manera muy positiva actualmente. Los miembros cuentan que era él quien compraba la comida cuando estaban empezando y no tenían mucho dinero, y también el que organizaba las tardes de los sábados para quedar y fortalecer el espíritu de grupo. En público siempre es respetuoso y educado, y sus discursos de agradecimiento son sinceros. Además, nunca se olvida de dar las gracias a los EXO-L.

Debido a sus aptitudes como líder, se ha ganado otros apodos. Lo han llamado «Sunnouncer» (Suho + *Announcer*, del inglés «presentador») o «Esuhort» (Suho + *Escort*, del inglés «guardián»), pero el nombre con el que se encariñaron sus fans fue «Mom» («Mamá»), sobre todo después de que lo usara el propio Suho. Cuando Kris, conocido como «Dad» («Papá»), líder de EXO-M, dejó el grupo, muchos compararon a Suho con una madre soltera con un montón de niños a los que cuidar. El representante de EXO, Lee Seung-hwan, confirmó esta idea: «Suho es como una madre que siempre está regañando... Aunque, después de hacerlo, siempre busca al miembro que pueda estar molesto y lo consuela con cariño».

La imagen pública que ha emergido desde su debut no ha hecho más que ganarse el cariño de los seguidores: tras el rostro prudente, hay un joven sensible. Se ha mostrado visiblemente

> Su nuevo nombre, Suho, significa «guardián» en coreano, así que también sería el líder de EXO-K.

conmovido cada vez que alguien ha dejado el grupo y no le da reparo llorar en momentos de gran emoción, aunque reconoce que se siente avergonzado de haberse echado a llorar durante el discurso que dio en su primera victoria en un programa musical.

Que a veces parezca demasiado serio o un poco incómodo solo lo hace más atractivo. Suho es muy divertido; en cierto modo es como un niño mayor. Kai ha contado que hacía de Jack Sparrow cuando veían *Piratas del Caribe* y Chanyeol ha revelado que Suho a veces lee manga y desafía a los demás a pelear. Es famoso por contar chistes malos, por ponerse ese vestido rojo ajustado para cantar la canción *Something* del grupo Girl's Day en el concierto de SM Town Live en 2014 y por su ingenio al responder con frases como: «Cuando llegamos a la Tierra, perdimos parte de nuestros poderes. Ahora solo aparecen en los videoclips».

También están su elegancia y su aplomo. Parece un príncipe, tanto es así que lo han comparado con uno de los héroes nacionales de Corea del Sur, el príncipe Yi Wu. Aunque se considera budista, los coreanos lo describen como un *Church Oppa*, el típico buen chico, por su apariencia dulce e inocente. Sin embargo, cada vez tiene un estilo más maduro: lleva trajes con gran elegancia y el pelo, ya sea moreno, rubio, rojo, peinado hacia atrás o con raya, deja al descubierto una frente magnífica y unas cejas envidiables. No es sorprendente que haya hecho de modelo muchas veces, trabajos entre los que está la sesión de fotos para la revista *Esquire* en septiembre de 2016.

Es difícil destacar en un grupo lleno de vocalistas tan peculiares como los de EXO, pero los tonos melosos de Suho complementan a la perfección las voces de los demás miembros. Sus versos iluminan canciones como *Angel, Promise, My Answer* y *Baby Don't Cry*, y su parte a capela es una de las delicias de *Tempo*.

A Suho ya le habían dado la canción *Beautiful* para interpretarla en solitario durante la gira Lost Planet e hizo las delicias de los fans al acercarse hasta el borde del escenario, darle una rosa a una chica del público y hacerse una foto con ella con una Polaroid. Sin embargo, fue en el Love Concert de Seúl en 2015, el primer concierto de EXO en un pabellón, donde dio rienda suelta al potencial de su voz en una versión en solitario de *I Want to Fall in Love*, de Kim Jo-han. Cuando estaban en la gira ElyXiOn, ya había combinado ambos talentos y convirtió *Playboy* (canción escrita por su amigo Jonghyun, de SHINee, que falleció mientras EXO estaba de gira) en una pieza intensa y extraordinaria.

Beautiful, que apareció en el álbum en directo de 2014, *Exology Chapter 1: The Lost Planet*, es, de momento, la única canción que Suho ha grabado en solitario para EXO, aunque sí ha participado en otras grabaciones. Algunas de estas son bandas sonoras, entre las que se encuentra la sublime *Beautiful Accident*, a dueto con Chen, para el espectáculo con el mismo nombre, y la melodiosa *Starlight*, una banda sonora para el drama televisivo *The Universe's Star*.

> Es difícil destacar en un grupo lleno de vocalistas tan peculiares como los de EXO, pero los tonos melosos de Suho complementan a la perfección las voces de los demás miembros.

La SM Station, en la que SM Entertainment lanzaba un sencillo digital cada semana, le dio más oportunidades a Suho. Antes de los Juegos Olímpicos de Verano de Río 2016, se unió a Leeteuk, de Super Junior, a la cantante Kassy, a la compositora Cho Young-soo y a numerosos campeones olímpicos coreanos de años anteriores para el inspirador *My Hero*. En febrero de 2017, su canción en solitario, *Curtain*, marcó el fin de temporada del proyecto SM Station. Era una balada con toques de *jazz* con acompañamiento de piano y demostró que Suho tenía control y registro vocal suficientes para dominar una canción profundamente emotiva.

Jun-myeon tuvo que dejar el curso de interpretación en la universidad cuando se convirtió en Suho, pero nunca renunció a su sueño de ser actor. Apareció en varios programas televisivos y, en 2014, presentó durante nueve meses el programa musical *Inkigayo* junto a Baekhyun. Un año después, se unió a sus amigos Kyuhyun, de Super Junior, y Minho, de SHINee, así como a otros artistas, en *Fluttering India*, un *reality show* donde exploraban ese país tan fascinante. Sin embargo, sus oportunidades de actuar en serio se limitaban a los vídeos de EXO, un musical de SM en el que los intérpretes aparecían como hologramas y no en persona llamado *School OZ* y la serie web cursi pero muy popular *EXO Next Door*.

> **SM Station: Suho y Jan Jae-in.** *Dinner*
> SM Station volvió en 2018 y en marzo se lanzó *Dinner*, un dueto de Suho y la cantante y compositora Jang Jae-in. Sobre una apagada base instrumental, los delicados tonos de Suho combinaban perfectamente con las notas etéreas y desenfadadas de Jae-in. En el vídeo, aparte de una serie de tomas oscuras pero hermosas que muestran la relación de una pareja aburrida, también vemos la elegancia de Suho en su máximo esplendor. El dueto fue un gran éxito y la canción alcanzó el número once en la Billboard World Digital Song Sales Chart de canciones más vendidas. También trabajaron como dúo en otra pieza, *Do You Have a Moment*, lanzado por la compañía de Jae-in, Mystic Listen.

Esto, no obstante, cambiaría en 2016, cuando actuó en la película *Glory Day*, también conocida como *One-Way Trip*. A pesar de debutar junto a otros actores emergentes, Jun-myeon (como aún se le conoce cuando actúa) no fue eclipsado. Le siguieron papeles televisivos por los que obtuvo buenas críticas. Interpretar a una estrella del K-pop en la serie romántica *The Universe's Star* puede que no lo pusiera mucho a prueba, pero en 2018, en la película *Rich Man*, destacó por dar vida a Yoo-chan, un director ejecutivo temperamental pero ingenioso de una empresa de videojuegos, cuya discapacidad le impide reconocer el rostro de la mujer a la que ama. La trayectoria cinematográfica de Jun-myeon ha seguido prosperando: en 2018 actuó en una película titulada *Middle School Girl A* y ha interpretado el papel protagonista como un fantástico maestro pastelero en la serie dramática *How Are You Bread* que está aún por estrenar.

Volviendo a Suho, debutó en 2017 como el príncipe Rudolph, un papel que habían compartido Leo, de VIXX, y el actor musical Kai (¡no confundir con el Kai de EXO!) en el espectáculo *The Last Kiss*. El papel requería de un amplio registro de estilos y, por lo tanto, puso a prueba a Suho, pero su interpretación fue recibida con elogios. Sería durante su última actuación en el espectáculo, solo dos días después del fallecimiento de su amigo Jonghyun de SHINee, cuando Suho rompió a llorar en la escena final.

Entre el público de esa última actuación se encontraba su compañero de banda Sehun, al que se le vio aplaudir y gritar su nombre en señal de apoyo. Puede que el líder y el *maknae*, el benjamín del grupo, no fueran la pareja que cabría esperar, pero llevaban mucho tiempo siendo buenos amigos. Habían ido juntos de vacaciones y habían compartido habitación en la residencia de EXO durante cinco años; con el tiempo, Suho se mudó a otra habitación que quedó libre. No obstante, cuando aparecieron juntos en el programa televisivo *Hello Counselor*, Sehun recordó lo desordenado que era su compañero y Suho se vio obligado a reconocer que tenía un problema que no le permitía tirar cosas, ¡ni siquiera sus uniformes del colegio!

Todo aquel tiempo como *trainee* en SM Entertainment le vino muy bien a Suho. Aprendió a enfrentarse a la frustración y los contratiempos y también a ser un líder eficiente observando a sus *idols*. Ahora ya lleva tanto tiempo en EXO como el que estuvo de *trainee* y ha desarrollado sus dotes de canto y de baile. Es una parte esencial del sonido y la coreografía de EXO y siempre ha dado buen ejemplo de líder que se preocupa por sus miembros y los representa con honor y dignidad.

> Todo aquel tiempo como *trainee* en SM Entertainment le vino muy bien a Suho. Aprendió a enfrentarse a la frustración y los contratiempos y también a ser un líder eficiente observando a sus *idols*.

5

Showtime

El K-pop es competitivo. Supercompetitivo. Para evaluar el nivel de un grupo, se tienen en cuenta los récords de ventas, las descargas, las visualizaciones en YouTube y los premios recibidos. Todo esto se refleja en los programas musicales de televisión. *TheShow, Show Champion, M Countdown, Music Bank, Music Core* e *Inkigayo* se emiten en días diferentes y cada uno concede su premio semanal con base en el total de ventas, las descargas, las encuestas grupales, la participación activa en las redes sociales e incluso los tonos de llamada. Para un grupo *rookie* con varios premios como EXO, el paso siguiente era ganar en uno de estos espacios musicales.

Los componentes de EXO llevaban dos semanas promocionándose por todos los programas cuando por fin ganaron un premio en el escenario del *Music Bank* el 14 de junio de 2013. Su reacción, alegre y emotiva, mostró a la perfección lo que significaba para ellos y, tal y como había predicho Suho, este estuvo llorando a mares mientras intentaba dar el discurso de agradecimiento. Para su sorpresa, al día siguiente obtuvieron otro premio, esta vez en *Music Core* y, al otro, en *Inkigayo*. Tres premios consecutivos en una semana, ¡increíble!

Después del éxito de *Wolf*, los EXO al fin recibieron la invitación a *Weekly Idol*, uno de los programas de variedades más importantes de Corea del Sur. Los integrantes del grupo se habían mostrado a menudo tímidos y nerviosos durante la promoción de *Mama* en los programas de televisión, así que, teniendo en cuenta que a los anfitriones les encanta provocar a los invitados, más si son tímidos, ¿cómo les iría con los presentadores Jeong Hyeong-don y Defconn?

Pues ¡fue todo un éxito! Desde la sección inicial donde los presentadores tenían que adivinar quién pertenecía a EXO-K y quién a EXO-M, hasta la sarcástica demostración de superpoderes, los chicos, vestidos con la ropa deportiva de Wolf 88 en rojo y blanco (88 en código morse significa «abrazos y besos»), se mostraron encantadores y divertidos. Con gran entusiasmo, participaron en la sección de baile al azar (en la que tenían que recordar la coreografía de algunas partes de sus canciones), en la sección de habilidades especiales (las más destacadas fueron la imitación de Calamardo de *Bob Esponja* que hizo Kai y la caricatura que le hizo Kris a su anfitrión, Defconn) y en la «competición de entonar la nota más alta» (Xiumin superó a Chen y a Baekhyun).

Los integrantes del grupo se habían mostrado a menudo tímidos y nerviosos durante la promoción de *Mama* en los programas de televisión, así que, teniendo en cuenta que a los anfitriones les encanta provocar a los invitados, más si son tímidos, ¿cómo les iría con los presentadores Jeong Hyeong-don y Defconn?

Además, se tomaron muy bien las bromas e incluso devolvieron alguna. El episodio estuvo tan bien que batió récords de audiencia.

Gracias a este y a otros espectáculos de variedades como *Beatles Code*, *After School Club*, *Star King* y el programa chino *Happy Camp*, el público por fin pudo ver a los chicos rebosantes de talento y encanto que los *exotics* conocían. El mes de julio lo tuvieron ocupado con firmas de autógrafos y actuaciones en espacios musicales, pero SM se guardaba un as en la manga. El 25 de agosto anunciaron un nuevo sencillo, *Growl*, como parte de la reedición de su álbum *XOXO*, que saldría a la semana siguiente.

El videoclip de *Growl* se subió el 1 de agosto de 2013, antes de que el sencillo y el álbum estuvieran disponibles. Durante cuatro días, la única forma de escuchar la canción era viendo el vídeo, pero a nadie parecía importarle. Una vez más, SM y EXO traspasaron los límites. Dieron un paso original y atrevido, y grabaron todo el videoclip con colores apagados y en un solo plano secuencia, es decir, una sola toma de una única cámara sin ningún tipo de edición desde el principio hasta el final. Esto suponía no hacer primeros planos ni cameos individuales, pero también que los fallos no podrían esconderse y que toda la toma tendría que salir perfecta. Y eso es bastante difícil en un vídeo de baile.

Growl no es perfecto, pero casi, y los pequeños fallos (por ejemplo, cuando se le cae el sombrero a Kai) solo le añaden autenticidad. Se grabó en un edificio que parecía un almacén abandonado con luces estroboscópicas y del que se decía que estaba encantado. Los chicos aparecen vestidos con un uniforme de instituto pijo, personalizado de formas diferentes, desde la pajarita de D.O. o el brazalete y los pantalones cortos de Suho hasta las chaquetas sin mangas de Chanyeol y Tao. Bailan como si su vida dependiera de ello. Los movimientos son atrevidos, sexis y, en ocasiones, sumamente técnicos, pero en ningún momento son escandalosos ni extravagantes. Todo esto resulta en una coreografía fascinante y un vídeo excelente. EXO había mostrado su verdadero superpoder: la actuación.

La canción en sí era algo que los *exotics* habían estado pidiendo a gritos: algo que destacase entre los grupos de K-pop, pero que no fuese extravagante como *Wolf* ni, bueno, un poco extraño como *Mama*. Es una melodía pop estupenda con un ritmo de hip-hop, un estribillo pegadizo, una estructura *funky* y voces de infarto. En 2017, Jeff Benjamin, el experto en K-pop de la revista *Billboard*, lo incluyó en la lista de los diez mejores estribillos de K-pop del siglo XXI, elogiando el gancho vocal del excéntrico y experimental «*I growl, growl, growl*».

Antes del lanzamiento de la canción, el grupo al completo había estado interpretando *Growl* en programas musicales y, cuando salió al mercado el 5 de agosto, los seguidores estaban totalmente preparados para recibirla. En menos de una hora, se colocó en la cima de casi todos los *rankings* digitales de Corea, fue el número dos en el Gaon Chart y el tres en el Billboard World Digital Song Sales Chart. Al mismo tiempo, salió al mercado la versión reeditada de *XOXO* (renombrada como *Growl*), que incluía el nuevo sencillo y otros dos temas, *XOXO (Kisses and Hugs)* y *Lucky*.

> En 2017, Jeff Benjamin, el experto en K-pop de la revista Billboard, lo incluyó en la lista de los diez mejores estribillos de K-pop del siglo XXI.

En el programa *Music Bank* del 16 de agosto, un mes después del primer triunfo del grupo, *Growl* consiguió su primera victoria. A finales de esa semana había obtenido otros tres premios. Y no paró. Lograr el triplete con una canción, tras haber ganado durante tres semanas consecutivas un concurso de televisión, es un honor que solo consiguen los grupos de K-pop que pertenecen a la élite. *Growl* logró el triplete en *Show Champion, Inkigayo, M*

Countdown y *Music Store*, y lo hubiese conseguido en todos los programas de no ser porque fueron desbancados en *Music Bank* por la banda femenina Crayon Pop a finales de mes.

Los EXO hicieron promoción de *Growl* por toda Corea del Sur, sonaba en todas las radios, era el tema de conversación en la televisión y todos los estudiantes del país estaban obsesionados con la canción. Al acabar el verano, el país entero conocía la canción, sin importar la edad ni el sitio donde se viviese. Un desertor de Corea del Norte comentó que, aunque el K-pop está prohibido allí, *Growl* se había vuelto famosa y se utilizaba como canción para declararse, una oportunidad para que los jóvenes expresaran su amor secreto.

La promoción en China fue menos activa. Sin embargo, el grupo fue recibido con una calurosa bienvenida en el China Big Love Concert y en el Nanjing Love Concert, y su fama se confirmó cuando recogieron el Popular Group Award en la gala Asian Idol Awards. Era evidente que allí los seguidores se habían volcado con los miembros chinos del grupo. De hecho, en una encuesta que se realizó en China en octubre de 2013 para encontrar al hombre más guapo de Asia, Kris y Lay aparecieron en el top 10 y Luhan consiguió el primer puesto con más de 40 millones de votos.

EXO at MAMA 2013

Las representaciones de *Growl* y *Wolf* en noviembre de 2013 se consideran la mejor de todas las actuaciones que los EXO han hecho en directo. Los doce miembros aparecieron en un gran espectáculo con una coreografía nueva. Además, interactuaban con las cámaras y el público.

Por desgracia, D.O. se lesionó el hombro durante el programa y tuvieron que llevarlo al hospital de inmediato, así que, lamentablemente, no estuvo cuando, momentos después, sucedió algo impresionante.

Al término de las promociones, quedó patente el alcance de los logros de EXO. *EXO LIVE! Growl on One Summer Night!*, un evento en línea y en directo en el que los chicos actuaron y llevaron a cabo un turno de preguntas y respuestas, logró alcanzar los 350.000 espectadores de noventa países diferentes. Y, un año después de que los EXO-M dejasen a todos boquiabiertos en el KCON de Los Ángeles, el grupo entero viajó al evento en 2013. Realizaron una mezcla con las canciones favoritas del público y una sesión de preguntas y respuestas durante la que cantaron sus éxitos preferidos de artistas estadounidenses. La revista *Billboard* declaró que se habían ganado excelentes críticas por parte de los admiradores y del personal del KCON por haber sido el grupo más sociable, accesible y divertido en las interacciones con los fans. Para rematar, a finales de agosto, hicieron una aparición sorpresa en *Infinity Challenge*, un programa que se emite los sábados por la tarde, en horario de máxima audiencia, y uno de los más famosos de la televisión coreana. Tal y como un *exotic* escribió en Internet, *Wolf* los convirtió en la comidilla del pueblo, pero *Growl* los había convertido en la comidilla del país.

SM había publicado vídeos de los ensayos de baile de los dos sencillos, pero lo que de verdad suscitó el entusiasmo fueron los vídeos de actuaciones que se subieron en verano. Utilizando como banda sonora algunas de sus mejores canciones, estos pequeños episodios entrelazados permitieron a los chicos mostrar, por primera vez, sus dotes interpretativas. La trama se centra en Luhan, un chico nuevo en el colegio (o incluso en el planeta), al que le gusta la novia de Kai y consigue involucrar a sus nuevos amigos (los EXO) en una pelea contra unos matones. La historia consigue mantener la conexión que el grupo tiene con la ciencia ficción, darle un aire misterioso y, por supuesto, hacer un montón de tomas con estilo, en concreto las de Luhan y Kai, con Tao inmerso en algunos combates de artes marciales.

> La revista *Billboard* declaró que se habían ganado excelentes críticas por parte de los admiradores y del personal del KCON por haber sido el grupo más sociable, accesible y divertido en las interacciones con los fans.

Si echamos la vista atrás, lo que le gustaba a la mayoría de los seguidores era las caras de niño y la inocencia de los miembros del grupo. Respecto a la forma de vestir, era una etapa en la que se llevaba la piel sintética y los pañuelos, pero lo que se recuerda de verdad es el pelo arcoíris de Sehun, el emblemático pelo cardado de color rojo de D.O., el tinte rubio de Luhan y el corte a lo caniche de Baekhyun teñido de rubio y rojo. Lo que probablemente sea mejor olvidar son las trencitas de Kai, las extrañas ondulaciones amarillo pollo de Lay y el intento de Tao con el estilo emo.

Hasta ahora, las oportunidades para conocer de verdad a EXO habían sido bastante escasas, pero los admiradores estaban a punto de conseguir lo que querían. En noviembre se estrenó una nueva serie, *Showtime*, compuesta por doce capítulos que se emitían los jueves por la tarde en el canal por cable MBC Everyone. *Showtime* era el *reality show* personal de EXO y tenía una temática muy buena, las actividades estarían inspiradas en preguntas de los seguidores. Para muchos, esta fue la primera oportunidad de ver a los doce miembros fuera de las promociones musicales y, en poco tiempo, llegó a ser todo un éxito.

Los capítulos de cincuenta minutos mostraban de cerca cómo eran en persona mientras participaban en retos, viajaban, jugaban y pasaban gran parte del tiempo comiendo. A medida que la serie avanzaba, cada vez eran menos tímidos y se sentían más a gusto (menos Baekhyun y Chanyeol, ¡ellos ya lo estaban desde el principio!) y, poco a poco, fueron mostrando su personalidad. Quizás el que más sorprendió fue Kris, el supuesto «hombre frío», que resultó ser un torbellino.

> **EXO 'All My Loving'**
> Los EXO o, más bien, una tercera parte del grupo, se subieron al escenario del programa *Star Faceoff Chuseok Special* de la cadena SBS, ¡e imitaron a Los Beatles! D.O., Chen y Lay tocaban la guitarra mientras Chanyeol dominaba la batería durante la actuación de *All My Loving*, el clásico de los Beatles. Se les distorsionó la voz para conseguir que sonasen como en los sesenta. Aunque su pelo en forma de tazón era graciosísimo, estaban muy elegantes vestidos de traje y la actuación fue todo un éxito.

Showtime se alargó durante diciembre, pasando por Navidad y Año Nuevo, hasta febrero, y ofreció a los *exotics* un montón de risas, sorpresas y alguna que otra lágrima. Entre las muchas aventuras vimos cómo compraban los regalos para el cumpleaños de Chanyeol, cómo celebraban la Navidad todos juntos, la visita a Seúl, la experiencia de explorar una casa encantada y el reto de telepatía para ver lo sincronizados que estaban los chicos entre sí.

Los seguidores de EXO los recibieron con muchísimo entusiasmo. Kai y Suho sobrepasaron la cota de ternura al jugar con cachorros; los vocalistas rapearon y compitieron en el estudio por alcanzar las notas más altas y bajas, todo el grupo (menos Chen que se durmió y Sehun que estaba leyendo) lloró con una película de Navidad; Baekhyun y D.O. sacaron a Xiumin de su caparazón en una edición especial de «La entrevista más canalla del mundo», y, en el último capítulo, hicieron una competición de pulsos de piernas que dejó boquiabiertos a todos los espectadores.

Además, *Showtime* trajo consigo nuevas palabras y frases para añadir al vocabulario de los *exotics*. Kris pasó a ser «El hombre galáctico» tras contestar «galaxia» cuando le preguntaron a qué lugar le gustaría ir con EXO (la respuesta de Lay fue muy tierna, dijo que le gustaría ir a la casa de la abuela de Baekhyun) y su frase «El pollo no es mi estilo» se convirtió en una leyenda de EXO. Baekhyun inventó un término propio, *kkaebsong*, que significa «qué pena», una palabra que usaría de nuevo en el futuro. También empezamos a aprender sehunés a través del *maknae*, que nos enseñó «*Yehet*», un sonido que hace cuando está contento o emocionado, y «*Ohorat!*», su forma de decir «¡De acuerdo!».

En tan solo seis meses, EXO había pasado de ser un grupo debutante olvidado en un parón eterno a ser el preferido del país. Los únicos que no se sorprendieron del éxito de la banda fueron los *exotics*. Estos admiradores tan entregados se han ganado una gran reputación por el apoyo incondicional a sus *idols* (en *Inkigayo* les dijeron que estaban «locos» cuando los vetaron por su apoyo demasiado entusiasta). Ahora, el número de seguidores no dejaba de crecer, ya que EXO se había convertido en el grupo número uno de K-pop en Corea y China, con un *fandom* internacional que crecía cada vez más. Todo estaba yendo de maravilla. ¿Qué podía salir mal?

XIUMIN

FICHA TÉCNICA

Nombre: Kim Min-seok
Nombre artístico: Xiumin
Fecha de nacimiento: 26 de marzo de 1990
Lugar de nacimiento: Guri, Corea del Sur
Nacionalidad: surcoreano
Estatura: 1,73 metros
Función dentro de EXO: vocalista, rapero, bailarín
Subgrupo(s): EXO-M, EXO-CBX
Superpoder EXO: hielo

6

Xiumin

Xiumin tiene algo especial. Algunos dicen que son sus ojos de gato; otros, su cara de niño, su sonrisa o su encanto personal, discreto y callado. Sea lo que sea, no pasa desapercibido. A Xiumin lo llaman «El rey de los *muggles*» y lo nombraron el *ipdeok* de EXO. Ambos términos hacen referencia a la manera en la que consigue que la gente se interese por el grupo y se una al *fandom*. Cuando se enteró de la etiqueta de *ipdeok*, sonrió y dijo que se sentía orgulloso. Así es Xiumin: educado y modesto.

Puede que los admiradores más fieles de Xiumin discrepen, pero la opinión que tiene sobre sus propios talentos en EXO es muy modesta también. Él no cree que tenga más habilidades para bailar, cantar o rapear que cualquiera de sus compañeros. Sin embargo, se describe como una persona capaz de sacar lo mejor de los demás, una habilidad ideal, y, a medida que su carrera ha progresado, él también ha evolucionado hasta convertirse en vocalista principal y rapero que mejora con rapidez.

A pesar de haber entrado en SM Entertainment como vocalista, ser cantante no estaba entre las opciones del joven Kim Min-seok. Se crio en Guri, una ciudad a tan solo quince minutos en coche o en tren desde Seúl y, aunque prefiere no hablar de su vida privada, sus seguidores saben desde hace tiempo que tiene una hermana pequeña (en más de una ocasión ha comentado que no le gustaría que saliera con ningún miembro de EXO). Además,

> Se describe como una persona capaz de sacar lo mejor de los demás, una habilidad ideal, y, a medida que su carrera ha progresado, él también ha evolucionado hasta convertirse en vocalista principal y rapero que mejora con rapidez.

SM ha subido vídeos (que aún siguen en YouTube) de su infancia. En uno de ellos se ve a un Min-seok adorable, de unos dos años, bailando con el traje tradicional de Corea y, en otro, podemos verlo vestido de pingüino en un baile grupal: supertierno.

De pequeño era un estudiante aventajado que siempre sacaba buenas notas. Le gustaba cantar, pero los deportes le interesaban aún más. Adoraba el béisbol y llegó a ser cinturón negro de kendo y taekwondo, pero su verdadera pasión era el fútbol, una pasión que sigue manteniendo hoy día. En 2008, Min-seok decidió presentarse a una prueba de acceso para una facultad de Educación Física. Ya había hecho, aunque sin éxito, una prueba para otro gran grupo de K-pop, JYP Entertainment, cuando un amigo lo convenció para que participase en el concurso de karaoke EverySing. Cantó *Footsteps* de Emerald Castle y quedó segundo. Se dice que ganó un premio de 1.000 dólares y la oportunidad de conocer al equipo de *casting* de SM. Por desgracia, el amigo de Min-seok no tuvo suerte.

Además, había otra razón por la que Min-seok quería unirse a SM. Era, y es, un gran admirador del grupo de SM, TVXQ, y le encantaba la idea de formar parte de la misma empresa que ellos. En poco tiempo se hizo amigo de los integrantes, vestía su *merchandising* e incluso compartía escenario con ellos, pero, cuando luego apareció en televisión junto a Changmin de TVXQ, reconoció que se había quedado embobado al conocer a sus ídolos. Changmin parecía tener dudas, bromeaba con que Xiumin se quejaba de que la carne estaba poco hecha ¡y parecía estar la mar de cómodo diciendo todo lo que se le pasaba por la cabeza!

Después, Min-seok comenzó como *trainee* en 2008. Estuvo más de tres años formándose antes de debutar con EXO. A él, la práctica intensiva y las largas horas de aprendizaje no le resultaban tan duras como a los demás y continuó estudiando, se especializó en ciencias y recibió clases de matemáticas avanzadas en el instituto, donde entabló gran amistad con Dongwoo de Infinite. Las actuaciones se habían convertido en una posibilidad real y Min-seok dejó a un lado su otra ambición, la de convertirse en arquitecto.

> Había otra razón por la que Min-seok quería unirse a SM. Era, y es, un gran admirador del grupo de SM, TVXQ, y le encantaba la idea de formar parte de la misma empresa que ellos.

El 24 de enero de 2012, Min-seok apareció en el undécimo avance de EXO, junto con Kai. Iba muy bien vestido, con una chaqueta de cuero y una camisa y una corbata blancas y negras. Llevaba el pelo oscuro, corto y con la raya a un lado que dejaba a la vista la frente y las cejas pobladas. En el vídeo parecía confiado y con aspecto de duro mientras a los dos los perseguían unos coches por una ciudad oscura. Dos días después, se convirtió en el séptimo miembro tras ser confirmado formalmente por SM, que lo presentó como Xiumin (por lo general se pronuncia «xu-min» en los países que no hablan chino), del planeta EXO, con el superpoder de convertir las cosas en hielo. A pesar de ser coreano, Xiumin sería miembro de EXO-M y haría promoción en China, cantando en mandarín.

Xiumin sabía muy poco chino y debió de ser una época difícil para él. Aun así, rara vez se quejaba, aunque reconoce haberse sentido bajito. De hecho, alguna vez ha comentado que, después de haber visto los vídeos, su madre le dijo que no se colocara nunca al lado de Tao ni de Kris. Su primer compañero de habitación fue Tao y, después, Kris y Luhan. Su pasión por el fútbol lo acercó a Luhan y fue él quien le puso el primer apodo a Xiumin (es uno de esos *idols* a los que suelen poner apodos), «*Baozi*», que fue acogido por los *exotics* con entusiasmo. Los *baozi* (también conocidos como *bao*) son unos buñuelos rellenos al vapor muy famosos en China, también conocidos como *dumplings* chinos en Occidente. Luhan dijo que, cuando conoció por primera vez a Xiumin, lo vio pálido, blanco y blandito y que, cuando Xiumin le sonrió, se le puso una cara redondita a lo *baozi*. A algunos seguidores les pareció que el apodo era grosero (Xiumin, por supuesto, nunca se ha quejado) e iniciaron una campaña para que los *exotics* no lo usaran, aunque, como su apariencia ha cambiado con los años, al final fue perdiendo importancia.

> Luhan dijo que, cuando conoció por primera vez a Xiumin, lo vio pálido, blanco y blandito y que, cuando Xiumin le sonrió, se le puso una cara redondita a lo *baozi*.

Cuando EXO-M apareció con EXO-K surgió otro apodo: el «falso *maknae*». Tao era el *maknae* de los EXO-M (el miembro más joven) y Sehun el *maknae* de los EXO-K, aunque Xiumin siempre ha parecido más joven y mono que cualquiera de ellos. A esta imagen se le suma su entusiasmo infantil y la gran habilidad que tiene para el *aegyo* (la coquetería) pero, en realidad, son sus rasgos delicados, casi femeninos, los que más resaltan. Es más, han sido muchos los que han notado el parecido que guarda tanto con Moon Byul del grupo femenino Mamamoo como con Sohee de las antiguas Wonder Girls.

No obstante, Xiumin es el miembro mayor de EXO. En la sociedad coreana, la edad ejerce mucha influencia sobre la manera en la que debes comportarte y Min-seok es sumamente educado. Por su carácter, es también muy callado, le gusta ir a su aire, jugar a videojuegos o ver una película, pero eso no quiere decir que no tenga un lado divertido. Ha admitido que, sobre todo al principio, el impulso que sentía por jugar o hacerles travesuras a los miembros más jóvenes era muy grande. Dentro del grupo, Chen y Xiumin llevan siendo mejores amigos desde hace varios años. En el programa de V Live, *Travel without a manager*, Xiumin dijo: «No creo que [en el grupo] haya dos más unidos que nosotros». Chen añadió: «Es como mi hermano», a lo que Xiumin respondió bromeando: «¡Y él, como mi esposa!».

Xiumin no dijo ni una palabra sobre los miembros de EXO-M que se marcharon y continuó trabajando con ahínco, pero, poco a poco, los fans llegaron a conocer mejor al miembro más enigmático de los EXO. Descubrieron que le gusta el café, que una de sus aspiraciones es convertirse en barista y que, de vez en cuando, le gusta tomar alguna bebida alcohólica. Los otros miembros no tardaron en caracterizarlo como el más ordenado del grupo. «Me estreso cuando las cosas están desordenadas —reconoció—, así que me hago cargo de todo y me pongo a limpiar.» Además, continuó sus estudios y se matriculó en la Universidad Católica de Kwandong en la especialidad de música. Ya se ha graduado y se dice que hará un doctorado en la Universidad de Hoseo.

Los fans también descubrieron que Xiumin sigue conservando el amor por los deportes que tenía de pequeño. Es el miembro más fuerte del grupo, gana todos los pulsos y es un futbolista consumado y entusiasta. Ya demostró sus habilidades en 2013, en la Asian Dream Cup, cuando jugó en un equipo coreano de estrellas (al que también pertenecía Patrice Evra del Manchester United) y, siempre que puede, juega en el *Idol Star Athletics Championships*, un evento olímpico para estrellas del K-pop. Además, hizo el primer lanzamiento del equipo de béisbol LG Twins, equipo del que tanto él como su padre son hinchas.

Al principio, cuando Xiumin pasó de nuevo a un EXO de diez y, luego, de nueve miembros, puede que otros vocalistas del grupo le hiciesen sombra en las grabaciones, sus pistas de voz solían utilizarse para el balance de las demás voces, pero, a medida que ganó seguridad en sí mismo, creó un estilo vocal suave y armonioso. No había forma de esconderlo en el escenario. Su manera de bailar mejoraba por momentos y cada vez parecía más un hombre que un niño. Sus rechonchas mejillas de *baozi* desaparecieron y comenzó a trabajar su cuerpo, desarrollando unos abdominales magníficos que Baekhyun adora mostrar en las actuaciones en directo.

Cuando se creó el subgrupo EXO-CBX en octubre de 2016, Xiumin alcanzó su plenitud. Su voz destaca en canciones como *Rhythm After Summer, Juliet* y *Playdate* y, en *Ka-Ching*, demostró a todos los fans que era un auténtico rapero. Los vídeos divertidos que hacía con Chen y Baekhyun le ayudaron a mostrar su personalidad y no había ninguna duda de que era un verdadero bailarín. En otros grupos, habría sido el bailarín principal.

> **BeatBurger and Xiumin – 'Beyond' – EXO Planet #4 – The ElyXiOn [dot]**
>
> En la gira ElyXIOn [dot] de EXO, Xiumin tuvo por fin la oportunidad de destacar y la aprovechó al máximo. *Beyond* es una colaboración que hizo Xiumin con la banda de dance de SM Entertainment BeatBurguer y su actuación fue tan buena que hasta grabaron un videoclip. En este vídeo aparecen todas las facetas de Xiumin: el Xiumin tierno, el Xiumin bailarín, el Xiumin supersexi, el Xiumin de voz dulce... pero lo más fascinante es ver a Xiumin viviendo el momento más impresionante de su vida haciendo lo que mejor se le da: actuar.

Fuera de EXO, Xiumin ha hecho varias colaboraciones destacables. En marzo de 2016, fue el primero en asociarse con Jimin, de la *girlband* AOA, en su proyecto Outfit of the Day. Su sencillo *Call You Bae* era una canción pop tranquila y dulce, pero fue una oportunidad que se les brindó a los EXO-L para que se le pudiera escuchar más de lo que se había hecho hasta entonces. Además, tenía un vídeo gracioso en el que pudimos ver el coqueteo inocente de un Xiumin con el pelo rubio en el papel de un chico adorable.

Los vídeos divertidos que hacía con Chen y Baekhyun le ayudaron a mostrar su personalidad y no había ninguna duda de que era un verdadero bailarín.

El resultado de otra colaboración muy divertida salió en julio de 2016, cuando Xiumin se unió a Mark de NCT en *Young and Free*. Xiumin había sido amigo y mentor del joven rapero desde que era un *trainee* principiante y la química entre ambos se hizo evidente en la mezcla de voz melódica y rap.

Puede que Xiumin no haya tenido tantas oportunidades para demostrar sus dotes escénicas como el resto de sus compañeros, pero, cuando las ha tenido, ha dejado huella. En 2015, interpretó uno de los papeles principales en el drama romántico *Cayendo en el desafío (Falling for Challenge)*, el drama web más visto del año en Corea del Sur. Un año después, hizo su debut en el cine con la película de época *Seondal: The Man Who Sells the River*, en la que el resto de los actores lo felicitaron por su actitud y sus habilidades interpretativas. En 2018, fue seleccionado para participar en un nuevo espectáculo de variedades llamado *It's Dangerous Beyond the Blankets*, en el que famosos a los que les encanta quedarse en casa se van de viaje juntos. Se convirtió en uno de los miembros más famosos del reparto. Para los EXO-L, uno de sus episodios preferidos es el de la piscina, en el que aparece un Xiumin *musculástico*.

Echando la vista atrás, en sus inicios, vemos a un chico tímido con cara de niño que, aunque cueste creerlo, se ha convertido en una estrella atlética y robusta, capaz de levantar con una sola mano todo un estadio lleno de admiradores. Sigue siendo una persona reservada, pero dice que ahora, después de haber compartido tantos recuerdos a lo largo de los años, se siente mucho más cercano a los EXO-L. Los seguidores, por supuesto, lo adoran de cualquier manera. Él es su *yojeong* (hada) y siempre lo será.

7

Éxito y conmoción

«Siempre recordaremos este momento: viernes 22 de noviembre de 2013 a las siete y cuarenta y tres minutos y cuarenta y cuatro segundos. Nunca olvidaremos este instante y siempre trabajaremos duro. Muchas gracias.» Eso dijo Suho al aceptar el *daesang* al disco del año en los MAMA.

Un *daesang*, distinción principal en una ceremonia de premios, es el galardón definitivo que se otorga a un grupo de K-pop. En Occidente, solo un Grammy tiene la misma importancia y prestigio. Desde H.O.T. hasta Shinhwa y BIGBANG, todos los grandes grupos se han confirmado a través de sus *daesangs*. Que EXO recibiera tal honor antes de cumplir dos años de su debut era increíble. De hecho, fueron los primeros de su generación (grupos que debutaron después de 2010) en conseguir ese logro. Una semana antes, *Growl* ganaba su primer *daesang* a la canción del año en los MMA y, mientras la temporada de premios seguía su camino, era evidente que el grupo iba a ser protagonista en todas las ceremonias. Sin embargo, aún quedaba algo por hacer ese 2013. A finales de noviembre, SM reveló que EXO tenía un regalo de Navidad para los fans: ¡un nuevo EP!

Tras los avances habituales, se publicaron en YouTube nuevos vídeos musicales, con *Miracles in December*, el tema principal del animado EP especial, en sus versiones en coreano y en mandarín. El logo de EXO se transformó de nuevo, esta vez en un copo de nieve y, en una divertida sesión de fotos, los miembros se vistieron con un conjunto idéntico compuesto de camisas verdes con pajaritas rojas, sombreros y tirantes, vaqueros azules y botas. Eran los elfos de Papá Noel más guapos de la historia.

Miracles in December se mantiene como una de las canciones sentimentales favoritas por los fans, una balada dulce cantada con un simple acompañamiento de piano unido a las florituras de los instrumentos de cuerda. La letra sentida cuenta el deseo de recuperar un amor perdido, pero son sus preciosas voces, las de Baekhyun y Chen en ambas versiones con D.O. en el tema de EXO-K y con Luhan en la versión de EXO-M, las que tocan la fibra sensible y llevan la canción a un nivel superior, tanto en los solos como en las armonías.

En el vídeo, en el que se presenta al grupo completo, los chicos se aventuran en una perfecta escena navideña, vestidos con elegante ropa de invierno y portando regalos. También se hace referencia a sus superpoderes cuando Xiumin completa la romántica escena haciendo que nieve y Tao retrocede en el tiempo intentando volver a encontrar a su amor perdido. Al final de la canción, se les empiezan a llenar los ojos de lágrimas, lo que deja entrever que su esfuerzo por la reconciliación ha sido en vano.

El resto del grupo destacaba en los otros temas del EP, que incluía canciones lentas al estilo R&B de los noventa, como Christmas Day y Turn to Cry, un rítmico y suave tema de rap con The Star y un estilo más tradicional y festivo de K-pop en The First Snow, otra canción de amor perdido con el dulce estribillo: «Merry, merry Christmas». Los entusiastas del K-pop estaban acostumbrados a que las compañías de entretenimiento lanzaran temas relacionados con las vacaciones navideñas, pero los seguidores de EXO pronto se dieron cuenta de que esa no era una combinación cualquiera para sacar dinero tras el éxito de Growl, sino una colección de música de calidad creada cuidadosamente.

A mediados de diciembre, el grupo promocionó el EP en YouTube, presentando su propio falso programa de radio en episodios de cinco minutos titulado Oven Radio (un juego con las palabras oh beun, que juntas significan «cinco minutos» en coreano). Diferentes combinaciones de miembros presentaban un tema distinto cada día. Hablaban sobre cuestiones relacionadas con el lanzamiento y se lo pasaban de fábula contando anécdotas de sus primeras impresiones sobre los demás, cantando villancicos, haciendo una batalla de rap al estilo libre y un concurso para ver quién lloraba antes.

Una vez más, EXO, con la actuación de Baekhyun, Chen y D.O., promocionó *Miracles in December* en los programas musicales de televisión antes de que saliera el EP. Luhan y Lay se unieron en programas posteriores y, al final, aparecieron los doce miembros. Y mientras tanto acumularon otras nueve victorias en programas musicales, incluyendo un triplete en *M Countdown*, y no pudieron conseguir más porque algunos programas no hacían concursos en sus especiales de Navidad. En el lanzamiento, el sencillo fue un inmediato *all-kill* (primer puesto en las listas digitales principales) y el EP de EXO-K fue número uno en Corea del Sur, ¡con la versión de EXO-M como número dos!

SM había preparado un regalazo de Navidad para los admiradores nacionales con una semana especial de actuaciones de sus mejores grupos. Intervinieron SHINee, Girls' Generation, Super Junior y TVXQ, pero, en las tardes de Nochebuena y Navidad, se vio a f(x) y a EXO tocar en una actuación conjunta. El concierto de EXO consistió en más de una docena de canciones, incluyendo aquellas del EP *Miracles* antes de que unieran fuerzas con f(x) para alegrar las Fiestas, incluyendo a Chen en un dueto con Luna de f(x) cantando *Have Yourself a Merry Little Christmas* y a los grupos combinados para los clásicos *Magic Castle* y *Jingle Bell Rock*.

Pero, aun así, hubo tiempo para un logro más en este asombroso año y, cuando 2013 llegaba a su fin, se anunció que las ventas físicas de *XOXO* habían alcanzado un millón de copias. Como era el primer grupo de K-pop que alcanzaba esta cifra en doce años, muchos observadores le otorgaron al grupo el reconocimiento de haber reavivado casi por sí mismos el mercado musical coreano en formato físico.

Los fans del K-pop pueden ser reacios al éxito de los grupos que no siguen personalmente y muchos dicen que los premios MAMA y los MMA están destinados a los fans internacionales y se decantan por grupos *idols*. La prueba real, dicen, se encuentra en las ceremonias de Año Nuevo, así que muchos se tragaron sus palabras cuando EXO recogió dos *daesangs* más en los premios Golden Disc y en los Seoul Music Awards.

Con un perfil ya reconocido, algunos miembros encontraban ahora oportunidades fuera del grupo. Baekhyun y Suho se embarcaron como presentadores en el programa musical *Inkigayo* y el líder, además, tuvo un papel como actor en tres episodios de una telenovela llamada *Prime Minister and I*. Chanyeol fue a las islas de Micronesia y se unió al reparto del programa de supervivencia *Law of the Jungle* mientras Luhan, Xiumin y Tao competían en *Idol Star Athletics Championships*, el evento deportivo anual para las estrellas de K-pop.

Mientras tanto, Chen se había unido a otros artistas de SM seleccionados para un proyecto llamado SM The Ballad. Este grupo, formado especialmente para cantar baladas, lanzó un miniálbum en febrero de 2014 llamado *Breath*. Chen apareció en dos de los seis temas en la versión coreana, a dúo con los vocalistas de SHINee y Girls' Generation, Jonghyun y Krystal respectivamente. En la versión china cantó el tema del título junto a la cantante china Zhang Liyin. Durante el lanzamiento, Chen promocionó los temas en programas musicales coreanos y se unió a los demás para las firmas de discos.

En marzo, en la Seoul Fashion Week, se les volvió a ver a todos juntos vistiendo atuendos de texturas variadas y distintos tonos de color negro del diseñador de moda Byungmun Seo. Los chicos caminaron por la pasarela como si fueran modelos natos y cantaron *Growl* en la ceremonia de la prestigiosa gala. La propia empresa de moda de EXO, Stardium, formó, además, parte de esa semana de la moda con una pequeña colección de camisetas de EXO, que recordaban a las de fútbol, cada una con la fecha de nacimiento de uno de los miembros impresa en blanco para los EXO-K o en gris para los EXO-M.

Entonces comenzaron los rumores, alimentados por fotos tomadas por los fans en las que aparecían varios miembros teñidos de rubio, lo que predecía un inminente *comeback*. Mientras la expectación crecía, un comunicado de SM el 1 de abril de 2014 (¡entre todos los días posibles!) confirmó los rumores: el EP, llamado *Overdose*, se lanzaría el 21 de ese mes. Y sí, las exquisitas imágenes promocionales mostraban a Suho, a Kai y a Tao teñidos de rubio (el rosa de Xiumin también llamó la atención) y todos iban vestidos con unas camisas blancas elegantes y estilosas.

Entonces comenzaron los rumores, alimentados por fotos tomadas por los fans en las que aparecían varios miembros teñidos de rubio, lo que predecía un inminente *comeback*.

El concierto se hizo en directo ante ocho mil fans en el Jamsil Indoor Stadium en Seúl el 15 de abril. Como debían promocionar por separado el *comeback* en Corea y China, sería la última oportunidad para ver a los doce miembros juntos y la expectación era enorme. Cuando los chicos salieron al escenario a tocar *Wolf* y *Growl*, algunos fans resultaron heridos en la aglomeración al intentar acercarse a sus ídolos. Kai les pidió que tuvieran cuidado y, al final, se tranquilizaron para escuchar fragmentos de temas nuevos y versiones completas de *Run* y *Overdose* y para ver el primer avance de su nuevo vídeo musical. Tras el evento, incluyendo la sesión de preguntas y respuestas retransmitida en directo, quedaba claro que el nuevo EP iba a ser algo grande y a EXO todavía le quedaba una semana de promociones en programas de música antes del lanzamiento para llevar la expectación a niveles estratosféricos.

Sin embargo, a la mañana siguiente, Corea del Sur y el resto del mundo despertaron con la noticia de una tragedia. MV Sewol, un ferri que se dirigía desde la isla principal coreana a la isla vacacional de Jeju, se había hundido. Más de trescientos pasajeros y la tripulación murieron en el desastre, muchos de ellos adolescentes de la misma escuela surcoreana. Mientras las operaciones de rescate continuaban, muchos ciudadanos se unieron a la campaña de luto con un lazo amarillo. El país no estaba de humor para música pop y SM tomó la delicada decisión de posponer el lanzamiento de EXO.

Fue una época difícil para muchos fans, impacientes por el lanzamiento pero profundamente afectados por la tragedia. Solo en este tiempo, el avance de *Overdose* consiguió cinco millones de visitas y las reservas del miniálbum establecieron un récord, superando las seiscientas mil. Mientras tanto, los seguidores de EXO y otros grupos dispusieron paquetes de ayuda para las familias de los afectados por la tragedia del ferri Sewol, quienes todavía seguían reunidos cerca de donde el barco se había hundido.

Finalmente, la espera de los admiradores terminó el 7 de mayo de 2014, cuando salió el EP con cinco temas y se publicó el vídeo de *Overdose*. El vídeo musical en coreano y mandarín presentaba varias tomas de un plano, que comenzaban y acababan con dramáticas escenas de los miembros atrapados en un laberinto. Aunque el vídeo parecía grabado dentro de una caja con un patrón laberíntico y monocromático como trasfondo, la coreografía, el zum de la cámara y los primeros planos aportaban emoción más que suficiente. Los chicos estaban geniales con sus coloridos conjuntos holgados de hip-hop en algunas escenas y con elegantes trajes, algunos blancos por completo, en otras.

El baile, que implicaba a todos los miembros, juntos y por separado, rezumaba urgencia, energía y poder. Era evidente que se lo habían pasado igual de bien haciéndolo que nosotros viéndolo. «Los miembros de EXO-K teníamos que correr de aquí para allá tratando de escondernos mientras se grababa a los integrantes de EXO-M para que la cámara no nos captara —reveló Chanyeol—. ¡Fue divertido!» Los movimientos sincronizados a la velocidad del rayo estaban presentes, sí, pero, además, había detalles importantes, entre ellos el baile saltando a la comba, el toque en la muñeca mientras entonaban el verso «*Call the doctor*», el movimiento de cabeza imitando al de una batería, el puñetazo fingido en la mejilla, los miembros agarrando y dirigiendo la cámara y, salido de la nada, el increíble destello de luz desde Chen hasta Lay.

El tema en sí, una colaboración entre los creadores de éxitos estadounidenses The Underdogs (que habían trabajado con Beyoncé, Britney Spears y en el *Mr.Mr.* de Girls' Generation) y cantautores coreanos, era un tema de danza urbana con un sonido hip-hop, toques de *R&B* y ritmos electrónicos. Sus letras sencillas jugaban con la idea del amor como una adicción y, por primera vez en una canción de EXO, había algunos versos geniales entretejidos en inglés.

En menos de diez horas, las versiones K y M juntas habían acumulado un millón de visitas en YouTube. El EP, además, subía como la espuma con canciones que parecían diseñadas para exhibir las habilidades vocales del grupo, especialmente en la balada *Moonlight* y en la suave *Thunder*, mientras que el pop contagioso y el ritmo animado de *Run* complementaban de forma perfecta el tema principal. *Overdose* fue un *all-kill* inmediato, encabezando los *rankings* digitales coreanos, y el resto de los temas del EP de EXO-K y EXO-M dominaron las listas.

El 11 de mayo, el grupo al completo se dirigió a China para el concierto del *comeback*, donde diez mil fans llenaron el Mercedes-Benz Arena en Shanghái, pero, una vez más, SM dividió los grupos y les dio horarios promocionales por separado. EXO-M recibió los primeros honores, ganando la *Global Chinese Music Chart* de la CCTV, el primer programa chino con concurso musical al estilo coreano. Luego, días después, mientras los programas coreanos de música comenzaban a retransmitir de nuevo tras el accidente del ferri, EXO-K consiguió el trofeo de *Show Champion*, comenzando una racha de ocho victorias que incluyó un triplete en *Inkigayo*.

Overdose, además, había tenido una enorme repercusión internacional; la versión coreana encabezaba las listas de iTunes por toda Asia y se situó en puestos altos en lugares tan lejanos como Brunéi, Panamá, Escandinavia, México y Perú. En Estados Unidos, se situó en el número 65 en el Top 100 de iTunes, alcanzó el segundo puesto en la Billboard World Albums Chart y el 129 en la Billboard 200. Al mismo tiempo, los EXO-M vieron cómo su versión se situaba en el Top 100 de iTunes en trece países e, incluso, llegaban a entrar en el top 10 en Tailandia, Singapur, Malasia e Indonesia. Fue el impulso que necesitaban porque el grupo al completo estaba a punto de embarcarse en una gira que visitaría las grandes ciudades de Asia.

La gira debía comenzar el 24 y 25 de mayo de 2014 en el Seoul Olympic Stadium con el primer concierto de EXO en solitario, que fue titulado EXO #1: The Lost Planet in Seoul. Las entradas salieron a la venta el 16 de abril y las cuarenta y dos mil localidades se vendieron en 1,47 segundos. Sin embargo, a medida que el entusiasmo crecía, los fans de EXO, que ahora se contaban por millones, sufrieron una gran conmoción.

El 15 de mayo de 2014, Kris presentó una demanda exigiendo la rescisión de su contrato con SM, reclamando que este violaba sus derechos humanos básicos. El líder de EXO-M había dejado el grupo y esto tuvo una repercusión máxima. Los fans asaltaron Twitter, Instagram y Facebook pidiendo a SM y al resto del grupo que lo convencieran para quedarse. Además, se habló mucho de que los miembros de EXO dejaran de seguir la cuenta de Instagram de Kris y de ciertos tuits que algunos interpretaron como oposición a las acciones del excompañero. Ese mismo día, mientras recogía el trofeo de *M Countdown*, Suho dijo: «Quiero de verdad a los miembros de EXO. Nuestro lema es "somos uno" y, como tal, nos transformaremos en un EXO que se preocupe de EXO y de nuestros admiradores en lugar de nosotros mismos». Una cosa estaba clara: a solo una semana del mayor espectáculo en vivo de sus carreras, EXO se veía reducido a once.

LAY

FICHA TÉCNICA

Nombre: Zhang Yixing
Nombre artístico: Lay/Lay Zhang
Fecha de nacimiento: 7 de octubre de 1991
Lugar de nacimiento: Changsha, China
Nacionalidad: chino
Estatura: 1,79 metros
Función dentro de EXO: bailarín, vocalista
Subgrupo(s): EXO-M
Superpoder EXO: curación

8

Lay

En todos los países que EXO visitó en su gira EXO'luXion, los cánticos para Zhang Yixing sonaban por todo el auditorio. Él ni siquiera estaba allí y muchos temían que hubiera dejado el grupo para siempre, pero, a pesar de todo, le querían. Sin embargo, su unicornio con hoyuelos había hecho la promesa de que nunca se iría y su participación en *Tempo* en 2018 demostró que estaba dispuesto a mantener su palabra.

Desde agosto de 2015, Lay es el único miembro chino del grupo y su participación en los espectáculos de EXO ha sido cada vez más esporádica. En cierta medida, se ha debido a las tensas relaciones políticas entre Corea del Sur y China, pero gran parte de la culpa la tiene SM al darle a Lay la libertad de perseguir su carrera musical en su país natal. Y, de hecho, ha triunfado: ahora es una persona importante en China, situado dentro de la lista de las veinte celebridades del país, contando con unos treinta millones de seguidores en Weibo (el equivalente chino a Twitter).

Zhang Yixing ya era casi una estrella incluso antes de unirse a EXO. Cantaba, bailaba y actuaba desde que era un niño pequeño. Con seis años, tenía un papel principal en *We the People*, la telenovela china de 1998, y, por consiguiente, apareció en muchos espectáculos de variedades y se convirtió en toda una celebridad en su ciudad natal, Changsha, en la provincia de Hunan, en el corazón de China.

Yixing es hijo único y siempre ha expresado su amor por sus padres (especialmente por su madre) y por sus abuelos maternos, quienes vivían con la familia mientras se hacía mayor. Incluso les dedicó su sencillo en 2017, *I Need U*, en su cincuenta aniversario

Zhang Yixing ya era casi una estrella incluso antes de unirse a EXO. Cantaba, bailaba y actuaba desde que era un niño pequeño.

de bodas. Su padre, cantante de folk, y su madre, amante de Michael Jackson, nutrieron su amor por la actuación y la música y, a los diez años, ya encandilaba a la familia con sus propias imitaciones de Michael Jackson.

En 2005, entró en *Star Academy*, un programa de talentos en Hunan TV. Quedó tercero en la competición, pero dio muy buena impresión a los espectadores. Se creó un club de fans de Zhang Yixing, XingPark, que hoy en día sigue fuerte y es posiblemente uno de los más longevos de EXO. En su adolescencia, Yixing ya tocaba el piano y la guitarra, escribía canciones y ensayaba movimientos de hip-hop. En mayo de 2008, tuvo la confianza suficiente para viajar a la ciudad vecina, Wuhan, y acudir a un *casting* global de SM. Era un intérprete con mucho talento, así que no fue extraño que pronto tuviera que hacer las maletas para ir a Seúl.

Yixing tenía dieciséis años y estaba solo en un país extranjero. Aunque contaba con el apoyo y la protección de la organización de la empresa, sus primeros años en SM no fueron fáciles. Lo enviaron dos veces a casa, una por problemas con el visado y otra más grave por pelearse con otro *trainee* (un incidente que ahora lamenta profundamente). Esperó con ganas la oportunidad de regresar y, cuando por fin lo invitaron a volver, estaba dispuesto a trabajar mucho más.

El trabajo duro se convirtió en el mantra de Yixing (su nombre de usuario de Weibo se traduce como «Trabaja duro, trabaja duro, trabaja aún más duro») y se pasaba horas practicando, incluso cuando el horario de formación de SM había terminado. Hasta se ató sacos de arena a la cintura para que su baile tuviera más fuerza, algo que le causó un gran dolor y una lesión unos años después.

Su actitud y su talento no pasaron desapercibidos para los jefes de SM. En 2010, SHINee, una de las joyas de la corona de SM, se embarcó en su primera gira mundial. Antes de su actuación en Tokio, el vocalista Jonghyun sufrió una lesión que le impedía bailar. Necesitaban un bailarín suplente y SM recurrió a Yixing. Fue su primer contacto con el éxito e hizo que estuviera más dispuesto a triunfar.

En un año se estaba preparando para su debut junto con los aprendices chinos Luhan, Kris y Tao. Se había hecho amigo de Kris porque ambos se habían unido a SM antes que los demás, pero pronto trabó una buena amistad con Luhan también. SM le asignó a EXO-M (se rumoreaba que había sido el líder original) y le dio el nombre de Lay por el tranquilo Hua Zei Lei, personaje con talento musical de la popular telenovela china *Meteor Garden* (basada en el programa coreano de televisión *Boys Over Flowers*, el cual está inspirado en una serie de manga japonés). Yixing pensó que era raro (aunque bastante conveniente), ya que la palabra «*lei*» significa «cansado» en mandarín. Dentro de la historia de EXO, Lay recibió el poder de curar, con un unicornio como símbolo, de ahí el primer mote que recibió de los fans: el «Unicornio curativo».

Lay fue presentado a los fans en el avance número diez. Tenía el pelo oscuro, con la raya a un lado y el flequillo largo, llevaba una camisa con estampado de leopardo bajo una chaqueta brillante y pantalones rojos, y su baile fue supersexi. Para muchos de aquellos que lo vieron, se convirtió en su *bias* al instante, pero más tarde se reveló que, en ese momento, le faltaba confianza y sentía que sus habilidades de baile y canto estaban bien, pero no podía compararse con Kai o con Chen.

No obstante, pronto se volvió muy popular, sobre todo al emerger su personalidad. Era muy respetuoso y atento, pero, además, era capaz de bromear y ser muy divertido. Los otros miembros contaron que cocinaba para todos y que era una persona muy efusiva que siempre estaba abrazándolos. Se hacía querer, se le ocurrirían frases como «Yo no salgo con chicas feas porque creo que no existen» y entabló una relación tan buena con los fans que se formó otro grupo aún más entregado. Se autoproclamaron Xingmi y a este grupo y a él se les ocurrió el gesto de la «L». Cuando los EXO-L se lo apropiaron, escribió un mensaje conmovedor y generoso en Weibo, pero se notaba que estaba algo triste por haberlo perdido.

Mientras tanto, demostraba su talento en las grabaciones y actuaciones de EXO. Como

> Lay fue presentado a los fans en el avance número diez. Tenía el pelo oscuro, con la raya a un lado y el flequillo largo, llevaba una camisa con estampado de leopardo bajo una chaqueta brillante y pantalones rojos, y su baile fue supersexi.

bailarín, su estilo fluido destacaba en el escenario, en particular en temas como *Tell Me What Is Love*, *My Lady* y *Exodus*. Sus duetos con Kai, sobre todo *Two Moons*, eran sensacionales, ya que se creaba un marcado contraste entre los movimientos de danza callejera de Lay y los de estilo clásico de su compañero. Aunque se mostraba modesto cuando hablaba de sus habilidades de canto, los admiradores captaron rápido sus tonos suaves, que parecen transmitir mucha emoción. Esto se ve especialmente en las versiones chinas de *For Life*, *Love Me Right* y *Promise* y en una corta versión acústica de su sencillo para SM Station, *Monodrama*, interpretada durante los espectáculos de EXO'rDIUM.

Que Kris y los otros miembros chinos dejaran EXO-M fue un golpe duro para Lay. No solo porque todo el mundo sospechara que él también pensaba marcharse, sino, además, porque le hizo sentirse responsable de mantener EXO-M a flote, defendiendo la fe de SM al trabajar con artistas chinos. Ayudó a escribir la canción *Promise* y fue sincero en sus promesas a los EXO-L. Incluso tocó la parte instrumental en un concierto por su segundo álbum en solitario en China en octubre de 2017.

Lay no dejaría EXO. Sin embargo, la falta de oportunidades de promocionarse con EXO-M lo llevó a tratar de forjarse una carrera en solitario en su país natal. En 2015, SM apoyó su deseo de ser compositor cuando la compañía le preparó su propio estudio en China, y su fama aumentó gracias a su papel protagonista en el popular programa de variedades *Go Fighting*.

Su carrera como actor se había revitalizado y pronto le ofrecieron papeles en telenovelas y películas. En televisión, destacó como aspirante a chef en *To Be a Better Man* y como cantante de ópera en *The Mystic Nine* (una serie que ha pulverizado récords al acumular más de doce mil millones de visitas en línea), mientras que en la gran pantalla Yixing ha demostrado ser incluso más versátil y ha aparecido en comedias como *Oh My God*, *Kung Fu Yoga* y el drama histórico *The Founding of an Army*.

Yixing había escrito canciones cuando era adolescente y, en 2014, escribió e interpretó *I'm Lay* y contribuyó en gran medida en *Promise*, pero tenía pocas oportunidades como compositor. Sin embargo, en mayo de 2016, a través del proyecto Station de SM Entertainment, publicó *Monodrama* como tema en solitario e interpretó un fragmento en la sección acústica de los espectáculos EXO'rDIUM. La canción fue un éxito de masas en Oriente Próximo y en Estados Unidos a la vez que, en su país de origen, fulminó todos los récords manteniéndose en el número uno en la VChart china durante cinco semanas consecutivas.

Desde 2016, las apariciones de Lay con EXO han ido siendo cada vez más infrecuentes y, a finales de 2017, muchos creyeron que ya no volvería a formar parte del grupo, pero su fama en China no había dejado de crecer. Su autobiografía, titulada *Standing Firm at 24*, fue un superventas. Se le nombró embajador de la Liga de la Juventud Comunista de China y tiene una estatua de cera en Madame Tussauds en Pekín y Shanghái. Además, ha apoyado varias campañas solidarias y ha donado grandes sumas de dinero a muchos proyectos sociales.

La carrera musical en solitario de Lay también se ha hecho cada vez más fuerte. En octubre de 2016, publicó un miniálbum de seis temas titulado *Lose Control*. Produjo y escribió la letra de todas las canciones, traduciéndolas él mismo al inglés, coreano y japonés, incluyendo el tema que daba nombre al álbum, que fue número uno en China. Un año más tarde, lanzó otro álbum escrito totalmente por él, *Lay 02 Sheep*. Vendió millones de copias en China y alcanzó el número cuatro en la Billboard World Albums Chart.

En el sencillo de hip-hop electrónico *Sheep*, gran parte de la letra estaba en inglés y, en agosto de 2018, apareció en el festival anual de música Lollapalooza en Chicago, en Estados Unidos, su primer *solo stage*, parte en la que un miembro está solo en el escenario. Allí presentó una adaptación de *Sheep*, una colaboración con Alan Walker, DJ y productor de éxitos, que supuso el primer contacto de muchos fans estadounidenses con su música. Aquellos a los que les gustó quedaron encantados al descubrir su nuevo álbum, *Namanana*, que se lanzó en octubre de 2018 bajo el nombre de Lay y en el que se presentaban once temas, todos compuestos por él y grabados en mandarín e inglés. En las primeras veinticuatro horas de su publicación, encabezó las listas de iTunes en dieciséis países, desde Mongolia hasta Colombia.

> La carrera musical en solitario de Lay también se ha hecho cada vez más fuerte. En octubre de 2016, publicó un miniálbum de seis temas titulado *Lose Control*.

En Estados Unidos, lo promocionó con un concierto gratuito en Nueva York y apariciones en programas matinales de televisión. *Namanana* debutó en el número veintiuno de la Billboard 200 Album Chart y Lay se convirtió en el primer artista chino en entrar en el top diez de las listas mundiales de iTunes. Su fama en América aumentó incluso más al conocerse la noticia de que se había unido a Jason Derulo y al grupo de K-pop NCT 127 para el proyecto *Let's Shut Up and Dance*, un homenaje al fallecido Michael Jackson. El sencillo, que se lanzará en 2019, es una auténtica oportunidad para Lay de saldar su deuda con el primer hombre que le inspiró.

Era genial ver a Lay triunfando en escenarios de todo el mundo, pero los EXO-L se morían de ganas de verlo junto al resto del grupo. Los otros integrantes habían comentado en entrevistas que estaban en contacto continuo con Lay y lo habían visto en un concierto de EXO-CBX, pero sintieron una felicidad incontenible cuando SM confirmó que estaría presente en la versión china y en el vídeo de *Tempo*. Este dato marcó el comienzo de su regreso al grupo después de más de un año, aunque, para muchos, era como si nunca se hubiera ido. Es evidente que Lay sentía lo mismo. «Quiero a mis chicos —dijo a *Billboard*—. Quiero al resto de miembros, por supuesto. Y quiero decirles que, si me necesitan, estaré ahí siempre.»

> Era genial ver a Lay triunfando en escenarios de todo el mundo, pero los EXO-L se morían de ganas de verlo junto al resto del grupo.

LAY – 'Goodbye Christmas'

En diciembre de 2017, Lay siguió el ejemplo de EXO y lanzó su EP llamado *Winter Special Gift*. El propio Lay había compuesto todas las canciones, incluyendo el tema principal, una balada emotiva que habla de una antigua amante cuyos recuerdos no dejan de perseguirle. Esto demuestra que Lay es un artista completo: bailarín, cantante y músico, aunque tendremos que esperar a *Sheep* para verlo como rapero. El sencillo llegó al número dos en China, pero sigue siendo una joya que muchos fans pasan por alto.

9

The lost planet

El viernes 23 de mayo de 2014 supuso otro hito en la corta carrera de EXO. Esa tarde el grupo se subió al escenario delante de 14.000 seguidores en el Olympic Stadium de Seúl en el primero de los tres conciertos (el tercero se añadió tras haberse vendido al instante todas las entradas para los dos anteriores). Parecía increíble que estuvieran ahí. Nerviosos y tristes por la marcha de Kris, los once restantes habían tenido apenas una semana para rehacer y reaprender las coreografías que inicialmente se habían diseñado para doce.

El líder, Suho, explicó lo mucho que la partida de Kris había afectado al grupo. «En ese momento, el sentimiento predominante fue la confusión», dijo. «Como el concierto estaba tan cerca, fue psicológica y físicamente muy complicado y doloroso —añadió Chanyeol—. Solo queríamos ofrecer una actuación perfecta y de gran calidad para nuestros fans. Nos unimos y usamos esa energía para practicar y ensayar durante horas y conseguir así un espectáculo redondo.»

A pesar de estos problemas, el concierto fue fascinante, con un espectáculo magnífico de láseres y vídeos con gran definición como telón de fondo. Estuvieron más de dos horas en el escenario. Empezaron con una *haka* desafiante, un baile maorí que celebra la vida, antes de obsequiar al público con más de treinta canciones de *Mama*, *XOXO* y *Overdose*, las preferidas de los seguidores, mezclando actuaciones en grupo y en solitario. Hubo sorpresas especiales incluyendo *I'm Lay*, escrita por Lay, Baekhyun al piano para cantar *My Turn to Cry*, la chaqueta de cuero roja y el chaleco de Luhan que le dejaba a la vista los abdominales e hizo que el

El concierto fue fascinante, con un espectáculo magnífico de láseres y vídeos con gran definición como telón de fondo. Estuvieron más de dos horas en el escenario. Empezaron con una *haka* desafiante, un baile maorí que celebra la vida, antes de obsequiar al público con más de treinta canciones de *Mama*, *XOXO* y *Overdose*.

Chen en el escenario. Aunque la lista de canciones era muy parecida a la de la primera noche en Seúl, cada concierto tenía algo digno de mención.

público enloqueciera durante su solo en *The Star* y la demostración del talento de Chanyeol con un solo de batería en *Delight*.

En una semana, los EXO llevaron su espectáculo por toda Asia en su primera gira en solitario, EXO del Exoplanet#1: The Lost Planet. La primera parada fue Hong Kong, donde actuaron dos noches. Durante el verano, la gira los llevó por ocho ciudades en China, Taiwán, Singapur, Indonesia y Tailandia. Allá por donde iban, los EXO tocaban en salas con las entradas agotadas y auditorios abarrotados. En todos los recintos conectaban con sus fervientes seguidores. Tao solía pedir que apagaran las luces para poder sacarles fotos con sus varitas fluorescentes; Suho hablaba de la ciudad o del país que les acogía y, en Pekín, celebraron juntos el cumpleaños de

Había una parte en concreto del espectáculo que era muy popular allá donde fueran. Los chicos elegían, de entre el público, a una fan, la subían al escenario, le daban una serenata y bailaban alrededor de ella cantando versiones de sus canciones favoritas de SM, incluyendo *Sorry, Sorry* de Super Junior, *Dream Girls* y *Ring Ding Dong* de SHINee y *Tell Me Your Wish* y *Gee* de Girls' Generation. Las reacciones de los fans en Internet sugerían constantemente que les encantaba ese momento, pero ¡que se sentían muy celosos!

Mientras tanto, cuando los chicos volvían a casa entre un concierto y otro, la vida de los EXO continuaba. Durante junio y julio, Baekhyun interpretó el papel principal en el musical *Singin' In The Rain* en Seúl; D.O. hizo de protagonista en una telenovela llamada *It's Okay, That's Love* (la canción de Chen en solitario para su banda sonora, *Best of Luck*, llegó a lo más alto de las listas a finales de julio); y también estaban los espectáculos musicales habituales y las firmas de discos. También volvieron a *Happy*

Camp, el programa de variedades chino, donde se les veía como si estuvieran en casa.

Si vas a buscar un programa antiguo en YouTube, que sea el episodio de *Happy Camp* del 5 de julio de 2014. En sus noventa minutos, la personalidad de los chicos brilla al jugar y hacer el tonto, pero también se pueden ver por vez primera sus dormitorios compartidos (como muchos otros grupos de K-pop, siguieron compartiendo habitaciones en el mismo apartamento incluso después de su debut y estrellato). Es una visita relámpago, pero se pueden ver los peluches de Chen, el zapatero de Xiumin («Está tan bien organizado como su personalidad», dice Chen) y la colección de cómics y figuras de Iron Man de Suho y de Sehun.

La parte más fascinante, sin embargo, la guardaron para el final. Los grabaron por separado para que expresaran sus sentimientos más íntimos sobre estar en el grupo, ganar el *daesang*, celebrar sus cumpleaños y también para hablar sobre cómo les había afectado la marcha de Kris. Se les veía profundamente molestos, pero también reafirmaban su compromiso con el resto de los miembros. Cuando las cámaras vuelven al estudio para continuar con el programa, muchos en el público están sollozando y los chicos, perdidos en sus pensamientos, rompen a llorar.

Sin embargo, el difícil 2014 de EXO no había acabado aún. Durante meses, habían circulado rumores de que Baekhyun estaba saliendo con Taeyeon, miembro de Girls' Generation, y, en julio, se publicaron unas fotos de la pareja en Internet que parecían confirmar la relación. Esto era un problema. No es que las estrellas del K-pop no pudieran salir con nadie. La mayoría de las empresas de entretenimiento ya no incluyen cláusulas de «nada de citas» en los contratos, pero se aconseja a los artistas mantener esos asuntos totalmente en secreto. Se debe, en gran medida, a la relación intensa entre los *idols* y su *fandom*, y la forma en la que las emociones de los fans pueden magnificarse aún más en las redes sociales.

El 19 de junio, un comunicado de SM admitía que los dos habían comenzado una relación cuando la ya famosa Taeyeon había hecho de mentora de Baekhyun en SM. Algunos fans se alegraron mucho por ellos al recordar que el miembro de EXO había dicho en varios programas que Taeyeon era su favorita. Otros, sin embargo, se sintieron traicionados. Decían que no se trataba de

Sin embargo, el difícil 2014 de EXO no había acabado aún. Durante meses, habían circulado rumores de que Baekhyun estaba saliendo con Taeyeon, miembro de Girls' Generation, y, en julio, se publicaron unas fotos de la pareja en Internet que parecían confirmar la relación. que no quisieran compartirlo con nadie, sino que estaban molestos porque la pareja había adoptado como nombre «Taengkoong», apelativo que había sido creado originalmente por los seguidores mismos pensando que eran solo amigos; que Baekhyun les había mandado mensajes de amor que estaban, en realidad, dirigidos a Taeyeon, y porque ¿¡no había prometido él que no saldría con nadie hasta cumplidos los treinta!?

Días después, tanto Baekhyun como Taeyeon se disculparon ante sus seguidores en Instagram por las molestias que les hubiera provocado el malentendido. La nota de Baekhyun decía: «Espero que nuestros fans ya no estén dolidos... Haré lo posible para reconectar poco a poco con todos vosotros... EXO es un nombre al que tengo demasiado aprecio. Quiero que sepáis que nunca lo he subestimado». Aunque el escándalo se apagó, la relación intermitente de Baekhyun y Taeyeon (y la amargura de algunos admiradores) continuaría en el futuro.

Ya era hora de que llegaran buenas noticias y SM se sacó un as de la manga. En agosto se anunció la existencia de un club de fans mundial cuyo nombre oficial era EXO-L. Aunque muchos habían adoptado el apodo de *exotics*, la palabra había sido elegida por seguidores internacionales, no significaba nada para los coreanos y no estaba asociada al grupo mientras que EXO-L, explicaron, unía a EXO-K y a EXO-M y, convenientemente, también significaba «EXO *Love*».

Tener un club de fans oficial era otra de las metas en el camino de EXO hacia el estrellato. Su ascenso no estuvo exento de baches: el parón después del debut, la filtración del tema *Wolf*, la partida de Kris y el escándalo del noviazgo. Sin embargo, ahora se habían establecido como uno de los grupos más importantes de SM. En el concierto SM Town Live, delante de 35.000 personas, en el Seoul World Cup Stadium en agosto de 2014, figuraban entre los cabezas de cartel y la gira Lost Planet continuaba llenando salas y estadios por toda Asia.

En septiembre, los EXO tenían que volver a China para el concierto final de la primera parte de la gira. Los EXO-M eran muy populares allí, sobre todo los miembros chinos, aunque algunos fans se quejaban porque carecían del apoyo que SM les brindaba a los EXO-K. Luhan era probablemente el miembro más popular de EXO-M dentro y fuera de China. No estuvo entre los participantes de EXO para el concierto de Lost Planet en Bangkok a mediados de septiembre porque decía que estaba muy cansado y con dolores de cabeza y mareos, pero que no se perdería por nada en el mundo los dos conciertos en Pekín, su ciudad natal, una semana después. Por supuesto, lo dio todo en el escenario, aunque algunos seguidores, a posteriori, comprendieron que sus lágrimas y los abrazos de Lay y Xiumin reflejaban que iba a ser su última actuación con el grupo.

Cuando los EXO viajaron con SM Town Live a Tokio a principios de octubre, Luhan se ausentó de nuevo y, justo cuando los fans se preguntaban si volvía a estar enfermo, el 10 de octubre se publicó la noticia de que había tomado la decisión de anular su contrato con SM y de que había abandonado EXO. Esta vez, la reacción del grupo fue de empatía. Los miembros parecían entender su postura y le deseaban lo mejor. Lay, que parecía su mejor amigo dentro del grupo, subió a Weibo: «Hermano, ¡adiós! Si tenemos la oportunidad, subámonos juntos a un escenario de nuevo. Como hermanos, apoyo todas tus decisiones. Buena suerte».

Paradójicamente, había un *reality* en el que Luhan seguía formando parte del grupo: un programa de televisión llamado *EXO90: 2014* que llevaba retransmitiéndose en Mnet desde agosto, ya que estaba pendiente de emisión un episodio en el que salía el ahora exmiembro de EXO. La serie, que también contaba con un gran número de *rookies* de SM (ahora miembros del grupo NCT), mostraba a los EXO conociendo a ídolos del K-pop de los noventa y versionando los vídeos de sus canciones de éxito. Era una idea divertida y, como cada uno de ellos era el protagonista de un vídeo, esto les dio la oportunidad de mostrar sus habilidades interpretativas. Depende de tu *bias*, pero merece la pena ver

> Justo cuando los fans se preguntaban si Luhan volvía a estar enfermo, el 10 de octubre se publicó la noticia de que había tomado la decisión de anular su contrato con SM y de que había abandonado EXO.

el *Dear Mom* de Suho (originalmente de g.o.d), el *Dance with DOC* de Baekhyun (de DJ DOC) y el giro cómico de D.O. a *I'm Your Girl* de S.E.S. mientras que, de manera reveladora, Luhan se despide con su versión de *The Last Game* de Kim Minkyo. Era como si lo supiera...

Aunque EXO se había visto reducido a diez miembros, tenía que completar aún una parte importante de la gira Lost Planet en Japón y EXO tenía que dar buena impresión allí. Los admiradores que acudían eran los máximos compradores de discos físicos del mundo y, a pesar de la rivalidad tradicional e incluso hostilidad entre los dos países, Japón estaba desarrollando un gusto creciente por el K-pop.

En abril, EXO ya se había presentado a sus seguidores japoneses con una serie de cinco capítulos cortos seguidos de una sesión de preguntas y respuestas. Fue un éxito rotundo que atrajo a más de 100.000 admiradores. Ahora se disponían a realizar un concierto en solitario allí, tres noches en Fukuoka y otras tres en Tokio en noviembre. Se confirmó que estaba ganando presencia en el país al anunciarse que *Overdose* había sido el disco K-pop del año y líder en ventas en Japón.

> **Special Stage 'Sabor a Mí' in Mexico**
> El programa de televisión surcoreano *Music Bank* estaba al frente de la Ola coreana, presentando a artistas de K-pop en países tan lejanos como Francia, Turquía y Brasil. EXO fue uno de los grupos que participó en un espectáculo en México a finales de octubre de 2014. Antes había tocado *Growl*, pero Suho, Baekhyun, D.O. y Chanyeol (con la guitarra) volvieron para tocar este clásico del compositor y cantante mexicano Álvaro Carrillo y se hizo viral en toda Sudamérica.

Aunque los EXO-L aún lamentaban la pérdida de Luhan, SM miraba hacia delante como si nada hubiera cambiado. Como el año anterior, a los seguidores se les obsequió con un nuevo lanzamiento como regalo de Navidad. El breve avance de *December 2014 (The Winter's Tale)* salió el 15 de diciembre y mostraba a Chanyeol sentado al teclado, entreteniéndose con un juego del móvil, mientras se oían las notas iniciales de una lenta y conmovedora canción. Anunciaba que el sencillo saldría en la aplicación del juego Superstar SMTOWN cuatro días después.

Mientras que los EXO-L averiguaban que *The Winter's Tale* estaba basada en *Long Time, No See* de la artista estadounidense K Michelle, SM anunciaba el lanzamiento de un nuevo álbum completo que incluía grabaciones en directo de los conciertos de mayo en Seúl. Llamado *Exology Chapter 1: The Lost Planet*, incluiría treinta y seis canciones que capturaban la magia del directo, desde la *haka* hasta el bis de éxitos, pasando por las actuaciones en solitario. Un extra añadido fue un conjunto de versiones de estudio reeditadas de *Black Pearl, Love, Love, Love, Wolf* y *Growl*, con arreglos especiales realizados de cara a las actuaciones en directo, y la nueva canción de Navidad. A aquellos que compraran el paquete especial del disco también se les obsequiaba con postales de cada miembro, un álbum de setenta y dos páginas lleno de fotos de los conciertos en directo y un mapa de la gira mundial.

The Winter's Tale pasó desapercibida para muchos EXO-L despistados, ya que la usaron principalmente para promocionar el juego de SM, pero contiene algunas harmonías vocales bonitas de D.O., Chen y Baekhyun (quienes parecen ser un subgrupo especialmente festivo) y gran cantidad de referencias a la Navidad. La canción no se promocionó en los programas musicales, pero demostró que la partida de Luhan no había afectado a la popularidad de EXO al conseguir registrar una victoria en el primer programa de *Music Bank* del nuevo año.

Recoger premios se estaba convirtiendo en una afición. A principios de diciembre en los MAMA, los EXO recogieron dos de los tres *daesangs*, Álbum del Año por *Overdose* y Artista del Año. Con el nuevo año vinieron más *daesangs* en los Golden Disc Awards y en los Seoul Music Awards. Tras un año en el que habían perdido a otro integrante del grupo y en el que se habían visto envueltos en un escándalo, los EXO habían demostrado una resistencia increíble y habían contado con el apoyo, contra viento y marea, de los admiradores más fervientes. Más allá de sus preciosas fotos en las revistas, los miembros habían mostrado sus personalidades y talentos, ganado nuevos admiradores en sus países de origen y cautivando al público por toda Asia con un espectáculo en directo inigualable. Los EXO-L se morían de ganas de ver qué les deparaba el futuro.

BAEKHYUN

FICHA TÉCNICA

Nombre: Byun Baek-hyun
Nombre artístico: Baekhyun
Fecha de nacimiento: 6 de mayo de 1992
Lugar de nacimiento: Bucheon, Corea del Sur
Nacionalidad: surcoreano
Estatura: 1,74 metros
Función dentro de EXO: vocalista
Subgrupo(s): EXO-K, EXO-CBX
Superpoder EXO: luz

10

Baekhyun

Ser un *trainee* es un proceso largo y agotador. La mayoría de ellos tarda años en estar preparados para debutar. A no ser que tu talento y capacidad para aprender muy rápido sea algo nato, claro. A Baekhyun lo eligieron para entrar en EXO tras solo cuatro meses de formación y, a los siete meses, ya estaba debutando.

Nacido con el nombre de Byun Baek-hyun en Bucheon, una ciudad en la periferia de Seúl, el futuro cantante de EXO siempre quiso ser artista. «Cuando tenía once años, les dije a mis padres que no creía que fuera capaz de sentarme en una oficina porque soy muy activo y no puedo quedarme quieto», comentó Baekhyun en *Elle Korea*. Inspirado por Rain, la superestrella del K-pop, se convirtió en cantante. En YouTube hay algunos vídeos de Baekhyun con un corte de pelo a lo tazón actuando en concursos de talentos de pequeño, incluyendo en el que canta con su banda Honsusangtae (Que se traduce como «coma» o «letargo»).

Otras compañías tuvieron la oportunidad de contratar a este joven talento. De jovencito, Baekhyun se presentó a audiciones para muchas de ellas, pero no recibió ninguna oferta. Así pues, era el vocalista principal de su grupo, aprendió a tocar el piano y se preparó para ir a la universidad, donde estudiaría música. Tenía veinte años y se estaba preparando para sus exámenes de acceso cuando un *streetcaster* de SM, un agente, contactó con él. Pensó que era una estafa, pero más tarde le llamaron y le pidieron que hiciera el *casting*.

En la audición, Baekhyun cantó una canción de TVXQ. Tras superar varias rondas, eligió a su

> En YouTube hay algunos vídeos de Baekhyun con un corte de pelo a lo tazón actuando en concursos de talentos de pequeño

rival, un cantante que llegaba a las notas altas con facilidad. Al final, fueron los únicos que quedaron. A pesar de estar en una competición, se llevaban bien y se deseaban suerte el uno al otro. Seis meses después, en 2011, SM Entertainment llamó a Baekhyun y le pidió que firmara como *trainee*. Tan solo unos días después de empezar, se encontró de nuevo con su rival, a quien habían contratado también: era Chen.

Kai ha comentado lo tranquila que era la residencia hasta que llegaron Baekhyun y Chen. Los nuevos eran bulliciosos y ruidosos, y pronto encontraron a otro compañero de travesuras, Chanyeol. Había nacido la futura *beagle line* (miembros juguetones y extrovertidos de un grupo) de EXO. Mientras a Chen se le asignó EXO-M, Baekhyun se convirtió en el cantante principal de EXO-K junto con el rapero Chanyeol. Los dos se alojaron en la misma habitación, ¡así no despertaban a nadie más con su cotorreo!

La espontaneidad de Baekhyun es muy apreciada en el grupo. Los miembros de EXO-K lo votaron como el más gracioso (él votó a Sehun) y tanto los directivos como los demás integrantes reconocen que es capaz de subirle el ánimo al grupo. Aunque no solo hace tonterías. Como *trainee*, Baekhyun tuvo muy poco tiempo para ponerse al día y se esforzó mucho con el baile (más tarde le agradecería a Kai haberle enseñado) y cambió completamente su estilo de canto, a menudo pidiéndole ayuda a Chen.

Baekhyun cantó en el avance de *What is Love* antes de ser oficialmente presentado el 30 de enero de 2012 como noveno miembro de EXO. Sin embargo, siguió manteniéndose en la sombra. Solo salió en uno de los avances (el número diecinueve), ¡e incluso ahí solo apareció brevemente con un perro blanco! Quizá para compensarle, se le incluyó, con la misma brevedad, en el vídeo de *Twinkle* del subgrupo de Girls' Generation, TTS.

En el debut, a Baekhyun ya lo habían presentado como vocalista principal de EXO-K. Su superpoder le daba la habilidad de manipular la luz y su insignia era una estrella brillante, aunque los nuevos fans parecían más interesados en sus superpoderes vocales y su habilidad para quitar el hipo con su belleza. La voz poderosa pero dulce de Baekhyun sobresalía en canciones como *Angel, Don't Go* y *Baby Don't Cry*, y su apariencia podía pasar de muy sexi a adorable como un cachorrito en un minuto.

Gracias a sus apariciones en espectáculos de variedades, los fans descubrieron también lo gracioso que podía ser. A lo mejor tiene ese sentido del humor por ser el más pequeño de su familia (su hermano, Byun Bae-beom, es siete años mayor que él), pero su energía y disposición para reírse de sí mismo le ha hecho destacar. Imita al resto de miembros (sobre todo al pobre D.O.), pone caras raras, destripa las nuevas coreografías del grupo o se inventa nuevas palabras como su icónico *kkaebsong* (una forma insolente de decir «qué pena»), que utilizó por primera vez en *Showtime* y que rápidamente se propagó como parte del vocabulario del *fandom*.

Ha hecho algunas apariciones legendarias en varios espectáculos de variedades. En *Knowing Brothers* hizo que los presentadores se ruborizaran (una proeza extraña) con su respuesta a por qué envidiaba el cuerpo de Sehun, de entre todos los miembros de EXO. En *Ask Us Anything* reveló que, cuando se unió a EXO, al ser uno de los últimos, procuró ducharse con cada uno de los otros integrantes para conectar con ellos (D.O. era su favorito porque le frotaba la espalda) y explicó que no conseguían dejarlo fuera porque usaba un palillo para abrir la cerradura del baño. Y, cuando en *Weekly Idol*, D.O. le situó en el último puesto en la clasificación de belleza del grupo, Baekhyun se vengó de él al hacer la clasificación de los miembros de EXO según su encanto.

> Baekhyun imita al resto de miembros (sobre todo al pobre D.O.), pone caras raras, destripa las nuevas coreografías del grupo o se inventa nuevas palabras como su icónico *kkaebsong*.

Aquellos que acuden a los conciertos ven lo divertido que puede llegar a ser Baekhyun, ya que hace el tonto e interactúa con el público, pero también ven su cara al cantar: el artista se toma muy en serio su profesión. Cuando los dos grupos se unieron en uno solo de nueve miembros (casi de ocho, ya que Lay solía ausentarse), Baekhyun se sintió cada vez más importante en las actuaciones. Ya sea en ritmos rápidos o baladas, su voz suave y de barítono llega a algunas notas altas de forma impresionante e ilumina muchas de las canciones, como *Lotto*, *Love Me Right*, *Drop That*, *The Eve* y, por supuesto, *El Dorado*, en las que se ve lo mejor de él. Su baile ha mejorado también con rapidez. Empezó a bailar en solitario en las actuaciones en directo y los otros miembros le consideraban uno de los más rápidos en aprenderse nuevas coreografías.

Baekhyun también se ha ganado el título de «Rey de la Raya del Ojo» del grupo, ¡una competición bastante reñida! Aunque no es solo la raya, sino su maquillaje de ojos en general lo que ha llevado a los EXO-L a esperar ansiosos su nuevo *look* con cada novedad. Desde los ojos ahumados en *Monster* a las cejas rojas y la raya en *Ko Ko Bop*, pasando por el brillo helado de *Power* hasta el iluminador dorado con purpurina en *Tempo*, nunca decepciona. La sombra de ojos color burdeos que llevó a la alfombra roja de los Seoul Music Awards en 2014 hizo que incluso algunos maquilladores lo alabaran por iniciar una nueva moda.

El *comeback* con *Ko Ko Bop* también incluía a Baekhyun con el pelo corto por delante y largo por detrás con mechas rojas, pero, si alguien puede triunfar con ese aspecto ochentero horrible, es el vocalista de EXO con su cara de ángel y, aunque no fue un éxito internacional, él más o menos lo consiguió. Casi todos los colores de pelo le quedan bien: rubio (del que presumió con excelentes resultados en una sesión de fotos para *Elle Korea* en noviembre de 2015), verde, arcoíris, plata, violeta, amarillo, rojo brillante y mechas rosa flamenco. Todos los peinados tienen sus admiradores, aunque el caoba a lo caniche de 2013 parece ser uno de los menos favorecedores.

Lo llevaba de un color naranja especialmente atractivo cuando EXO-CBX salió a escena con *Hey Mama* en octubre de 2016. Su inclusión en el subgrupo, con Chen y Xiumin, demostraba lo mucho que había progresado. Cuando solo hay tres personas en el escenario es imposible pasar desapercibido, pero su baile fue maravilloso y su voz proporcionaba el equilibrio en el que se basaban muchas de las canciones. Y, por supuesto, no hace falta decir que llevaba la diversión allá donde iba y siempre estaba dispuesto a probar cosas nuevas. Eso incluía probar suerte como rapero y como *drag*. A los seguidores les encantó su aparición como Baekhee (así la llamaron), la muchacha guapa del vídeo de *The One* de CBX, así que prometió subir una foto de «ella» si EXO-CBX ganaba en algún programa de música. Cuando llegaron a la primera posición en *The Show* de SBS, cumplió su palabra y subió una foto en su cuenta de Instagram, pero ¡solo durante cinco minutos!

A pesar de su éxito, la vida con EXO no siempre ha sido fácil para Baekhyun. El escrutinio por el que tienen que pasar los famo-

A pesar de su éxito, la vida con EXO no siempre ha sido fácil para Baekhyun. El escrutinio por el que tienen que pasar los famosos puede ser difícil para alguien a quien le gusta ser tan sincero sobre su vida. En junio de 2014, salió a la luz que disfrutaba de un romance secreto con Taeyeon, de Girls' Generation. La pareja se conocía desde que Baekhyun llegó a SM Entertainment en 2011, pero la relación no empezó hasta principios de 2014. La publicidad y la hostilidad de algunos fans fueron difíciles para ambos, que sintieron la necesidad de disculparse por su discreción, pero, aunque no hubo ningún comunicado oficial, la relación pareció terminar en algún momento del verano de 2015.

Durante estos años, Baekhyun ha tenido problemas por los fans obsesionados con él, conocidos como *sasaengs*. En 2013, algunos seguidores aparecieron de la nada en la boda de su hermano y causaron estragos. Además, se ha enfadado en repetidas ocasiones porque sus incesantes llamadas interrumpieran las emisiones de V Live. Aun así, su amor por los EXO-L es profundo; de hecho, fue Baekhyun quien inventó el nombre entrañable de «Aeri» para el *fandom*. Explicó que quería un término que reflejara la forma en la que los fans los llamaban Baekhyunnie, Minseokkie, Chennie y así sucesivamente, y de la pronunciación coreana de «[EXO]L-ie» sacó «Aeri» (a veces escrito «Eri»), que, a la vez, también significa «guardián y bendición» en coreano.

Magical Circus tour 2018 – EXO-CBX – 'Ringa Ringa Ring'

EXO-CBX llevó su Magical Circus a Japón en mayo de 2018 con un espectáculo lleno de canciones del subgrupo, incluyendo solos de cada uno de los chicos. Crear el subgrupo les dio el tiempo y el espacio para brillar y el rubio Baekhyun, con una chaqueta y camisa demasiado grandes, disfruta sin duda de esta atención. Su increíble presencia escénica es patente hasta en el vídeo y aprovecha su turno para demostrar lo que puede ofrecer y lo da todo en una explosión de baile, rap y voces dulces.

Desde su debut, Baekhyun ha aceptado rápidamente las muchas oportunidades que surgen cuando eres una estrella del K-pop. Junto con Suho, pasó la mayor parte de 2014 presentando el programa musical *Inkigayo* e incluso encontró tiempo para interpretar el papel protagonista de Don Lockwood en el musical *Singin' in the Rain* en Seúl, que cosechó muchas críticas positivas. En 2016, hizo su primera aparición en el K-drama popular *Moon Lovers: Scarlett Heart Ryeo*. Su papel como príncipe Wang Eun implicaba escenas de besos, llantos y muerte y Baekhyun lo bordó, por lo que ganó el Popularity Award como actor en los Asia Artist Awards.

Como la ropa guay y cómoda, tan infravalorada, le sentaba muy bien, no fue de extrañar que, en 2018, la marca estadounidense de ropa casual Privé invitara a Baekhyun a asociarse con ellos, pero esto no solo consistía en un contrato de patrocinio o un trabajo de modelo: querían su aportación creativa. Baekhyun no tenía experiencia como diseñador y nunca había estado en un desfile de moda, pero se lanzó al proyecto de cabeza. Investigó por su cuenta y llegó a las reuniones con bocetos y fotos inspiradoras. El resultado fue una línea de estilo casual asequible de camisetas, jerséis y sudaderas que reflejaban totalmente la personalidad de la estrella, simple y muy original.

Sorprendentemente, pasaron tres años desde el debut hasta que Baekhyun publicó música fuera del grupo, pero su preciosa *Beautiful*, cantada en solitario para la banda sonora oficial de *EXO Next Door*, se convirtió en la primera canción perteneciente a un *web drama* en llegar a los primeros puestos de las listas digitales de Corea. En enero de 2016, Baekhyun también hizo un dueto con Suzy, del grupo femenino Miss A, para cantar *Dream*, con un estilo antiguo y toques de *jazz*. Desprendía un encanto increíble y una sensación cálida y romántica, e iba acompañado de un vídeo en el que Baekhyun llevaba un atuendo retro, muy adecuado para la ocasión, combinado con el pelo teñido de rosa pálido y un pintalabios rosa precioso. La canción se mantuvo en el número uno durante tres semanas, acumuló cinco victorias en progra-

> Baekhyun no tenía experiencia como diseñador y nunca había estado en un desfile de moda, pero se lanzó al proyecto de cabeza. Investigó por su cuenta y llegó a las reuniones con bocetos y fotos inspiradoras.

mas musicales y llevó al dúo a recoger premios en los MAMA, Melon y los Golden Disc Awards.

Después, participó en otros duetos notables. En 2017, interpretó, junto a Soyou, una antigua integrante del grupo femenino Sistar, *Rain*, otra bonita canción lenta, que culminaba en fabulosas armonías y que fue todo un éxito. En 2018, Baekhyun formó equipo con el rapero Loco en una canción llamada *Young* destinada a defender los sueños y a crear conciencia social, en la que fue capaz de dejarse llevar y trasmitir emoción con la voz.

En febrero de 2018, Baekhyun hizo una actuación en solitario muy especial, no había vítores de admiradores, gritos ni un tema de fondo, solo un coro de niños que lo acompañaban. Lo invitaron a cantar el himno nacional en la ceremonia de apertura de la asamblea general del Comité Olímpico Internacional delante del presidente coreano y otros novecientos dignatarios; ¡no estaba mal para alguien que no se había convertido en *trainee* hasta los veinte años!

11

Somos uno

«*M*uchos habéis pensado que el 2014 ha sido un año negro para EXO. Pero, a partir de hoy, desde este escenario de los MAMA y en adelante, redefiniremos el color "negro". ¿Sabéis qué? Creo que 2015 va a ser un año lleno de color para EXO.» Lay había lanzado este mensaje optimista desde el escenario de una gala de premios en diciembre y, un mes después de Año Nuevo, empezaron a aparecer avances del *comeback* de EXO.

La primera publicación oficial llegó en forma de avance para un nuevo concierto, EXOPlanet #2 – The EXO'luXion (fijaos en el ingenio de SM al fusionar el nombre de la banda, «*revolution*» y la X por los diez miembros que quedaban en el grupo). Por su parte, los EXO-L que llevaban siguiendo al grupo desde sus inicios se emocionaron mucho al reconocer el tema de fondo: se trataba de *El Dorado*, canción que habían usado en el avance de Chanyeol antes del debut.

¿Cuánto tardaron en vender las 67.000 entradas para las cuatro fechas (más tarde añadirían otra) en el Olympic Gymnastics Arena de Seúl la primera semana de marzo? Tan solo 0,4 segundos, con lo que batieron su propio récord, establecido cuando debutaron con The Lost Planet en la ciudad. En la conferencia de prensa, Suho reveló que el nuevo álbum saldría de inmediato y que EXO cantaría todas las canciones nuevas en el concierto.

El espectáculo reunía todos los rasgos de EXO en un caleidoscopio de color, energía y emoción. Seguía contando la historia de que los chicos eran superhéroes llegados desde otro planeta a la Tierra, donde sus vidas se veían amenazadas. Eso les permitía mostrar sus impresionantes atuendos con chaquetas de lamé dorado, trajes de

¿Cuánto tardaron en vender las 67.000 entradas para las cuatro fechas (más tarde añadirían otra) en el Olympic Gymnastics Arena de Seúl la primera semana de marzo? Tan solo 0,4 segundos, con lo que batieron su propio récord.

dos tonos burdeos con camisas negras o rosas y pantalones de cuadros, revelando así su lado más divertido y encantador y, sobre todo, proporcionando un impresionante telón de fondo para sus increíbles y precisas coreografías y para su talento musical.

El concierto tuvo muchos momentos memorables. La primera actuación de *El Dorado* estuvo acompañada de un baile con movimientos de cadera y de espadas láser al estilo de *La guerra de las galaxias*; Kai y Sehun se revolcaron en una piscina sobre el escenario durante la impresionante coreografía de *Baby Don't Cry*, una sección navideña hizo surgir el lado más juguetón de los chicos cuando salieron vestidos de elfos; el grupo se cambió de ropa en el escenario, con sus siluetas proyectadas tras una pantalla, y Chanyeol hizo de DJ en una plataforma giratoria mientras ponían a todo el público de pie. EXO'luXion demostró que EXO era más fuerte que nunca: a pesar de las dificultades de 2014, habían regresado con estilo y aquello era solo el comienzo.

SM no había abandonado la historia mítica de EXO y, a mediados de marzo, organizaron una búsqueda del tesoro para los EXO-L. En el transcurso de diez días, subieron una serie de vídeos de un minuto llamados *Pathcode*. En cada uno, aparecía un miembro en una ciudad distinta, envuelto en una situación truculenta y misteriosa. SM también publicó algunas pistas encriptadas en Twitter. Si los fans lograban averiguar el código, podrían acceder a las fotos promocionales en la página web de SM. Además, la primera letra de los nombres de las ciudades formaba un anagrama del título del siguiente sencillo de EXO. Sin duda, mantuvo a los EXO-L ocupados mientras esperaban el *comeback*.

El meollo de la historia parecía sugerir que tan solo diez de ellos (inteligente, ¿verdad?) habían escapado del laberinto del EP *Overdose* y el álbum *Exodus* los había encontrado en la Tierra cuando estaban siendo puestos a prueba. Más tarde, Chanyeol revelaría que el mensaje oculto de los vídeos *Pathcode* era «*awakening*» («el despertar»): los poderes sobrenaturales de los miembros habían cobrado vida y estaban listos para la siguiente fase. Todo esto inspiró multitud de teorías en las redes, pero la mayoría de los fans estaban encantados por poder disfrutar de los vídeos, introducir los códigos (¡o ver las imágenes que habían subido quienes ya lo habían hecho!) y deleitarse con las bonitas y emotivas fotos promocionales en blanco y negro.

«Creemos que, con este álbum nuevo, podréis ver un lado más brillante y maduro de cada uno de los miembros», dijo Suho. Los integrantes hicieron hincapié en que veían en el *OT10* (las siglas se refieren a «*One True*», que quiere decir «el verdadero», y el número indica los integrantes del grupo en ese momento) un nuevo capítulo que marcaba un sonido más evolucionado de la banda y remarcaron que habían trabajado con ahínco para mejorar sus habilidades musicales. Por supuesto, el álbum físico, teniendo en cuenta lo mucho que EXO se había esforzado para revivir el interés en este formato, contaba con una versión coreana y otra china, con portadas de color plateado y dorado, respectivamente, pero, además, cada una tenía diez modelos distintos, ofreciendo así la posibilidad de elegir qué miembro aparecía en la cubierta. Si coleccionabas los diez, los lomos alineados formaban el nuevo logo: un impresionante hexágono transparente (¿o era un cubo en 3D?). Esto, unido a un libro de fotos de cincuenta y dos páginas, postales y un póster, demostraba que se habían esforzado en darles algo especial a los admiradores y, en agradecimiento a los EXO-L, SM colgó discretamente una canción, *First Love*, el 29 de marzo, durante un período de solo diez horas.

Exodus, álbum con diez canciones, se lanzó el 30 de marzo. Las reservas de los álbumes en chino y coreano ya habían superado el medio millón y el sencillo *Call Me Baby*, que salió tres días antes, había ido directo al quinto puesto en las listas digitales coreanas.

Call Me Baby era todo lo que decían que iba a ser el nuevo EXO. Tenía un sonido *R&B* rápido y pegadizo, lleno de ritmo y notas altas, y era innovador en el sentido de que habían cogido el estilo de las *boybands* de finales de los noventa y lo habían actualizado con secciones de rap y *dance*, un estribillo en falsete y la lujosa producción del famoso Teddy Riley (que había trabajado antes con Michael Jackson y Bobby Brown). Trasmitía seguridad y confianza y demostraba una nueva madurez musical.

Las reservas de las versiones en chino y coreano de Exodus ya habían superado el medio millón y el sencillo *Call Me Baby*, que salió tres días antes, había ido directo al quinto puesto en las listas digitales coreanas. Muchos aún consideran que *Exodus* es el mejor álbum del grupo. En esencia, tiene un sonido propio y una magnífica mezcla de *dance*, pop y baladas. Tiene letras que marcan y se hace uso del rango vocal de todo el grupo. Entre estas canciones, algunas se han convertido en favoritas en el directo. *El Dorado*, canción que los admiradores llevaban tres años esperando, estaba destinada a convertirse en un clásico desde el momento en que el grupo la cantó en el escenario del Seoul Olympic Park. Con un estilo de Oriente Próximo, las increíbles notas altas de Baekhyun, un estribillo pegadizo, un ritmo enérgico y una temática de cómo enfrentarse juntos a los obstáculos del camino hacia el éxito, está llena de poder y emoción.

Entre otras canciones preferidas por los admiradores, se incluyen la preciosa balada *My Answer*, cantada con un piano de fondo, la suave y seductora *Playboy* (escrita por Jonghyun, vocalista de SHINee) y *Transformer*, cuya letra trata sobre una chica irresistible pero imposible de entender, con un fuerte toque electrónico y de rap y unos versos geniales en inglés. ¿Quién no adora el «*Tick, tick, boom, boom, 'bout to blow*» de D.O.? Pero esto no significa que el resto de las canciones sean de relleno: desde la animada *Exodus* hasta *Beautiful*, otra canción que escuchamos originariamente en uno de los vídeos previos al debut, todas ayudan a crear el sonido característico de EXO.

En los dos últimos videoclips, EXO había adoptado la técnica de una sola toma como propia y, aunque *Call Me Baby* no está grabada con el formato de una sola toma, ya que se cambia de escena y de vestuario, sí sigue ese estilo. Mientras que algunos fans estaban decepcionados porque no se había seguido la estética de las preciosas fotos promocionales, el simple movimiento a través de una serie de habitaciones permitía dar todo el protagonismo al aspecto, la personalidad y el talento para el baile de los chicos. Hay momentos más atrevidos, como cuando cuatro de ellos salen de repente de un coche o el guiño sutil de Tao. La coreografía es fluida y el estilismo informal (ropa de deporte, pitillos rotos de color negro y cazadoras de cuero). Además, hay algunos primeros planos muy buenos del pelo color ceniza de Chanyeol, del rubio de Lay y de los rizos de Chen que han captado también la atención de los EXO-L.

> **EXO 'Call Me Baby' M Countdown episode 418**
> Es el 2 de abril de 2015, primer día en el que EXO promociona el sencillo *Call Me Baby* en un programa de música. Hay muchas razones para rescatar este vídeo. En primer lugar, así es como se consigue que una promoción en un programa de música parezca un videoclip, ya que EXO aprovecha el decorado al máximo, con transiciones perfectas entre los subgrupos. En segundo lugar, realizan la coreografía a la perfección y están fabulosos (Lay vuelve al color negro). Por otra parte, es la última vez que veremos a los diez miembros juntos. Tao lo está pasando evidentemente mal, con el tobillo dolorido; se perderá el resto de las promociones y ya no volverá a subirse a un escenario con EXO.

Se mire por donde se mire, EXO estaba causando sensación. *Call Me Baby* llegó al número dos en las listas de éxitos coreanas (destronados del primer puesto por Miss A), y alcanzaron la misma posición en la Billboard World Digital Song Sales Chart, incluso irrumpieron en la Hot 100, la lista de los cien más vendidos en Canadá, en el número noventa y ocho. Los vídeos (en coreano y en chino) recibieron más de cuatro millones de visitas en veinticuatro horas y las victorias en los programas de música no paraban de llegar. Ganaron un triplete en los cinco programas e, incluso, cuando ya habían dejado de promocionarse, a finales de abril, se llevaron una cuarta victoria consecutiva en *Show Champion*, *M Countdown* y *Show! Music Core*. En total, se llevaron dieciocho trofeos, un récord para una sola canción.

Todo debería haber sido perfecto, pero estamos hablando de los EXO... y parecían gafados. De nuevo, la bomba llegó del oeste. Tao, aquejado por una lesión en el tobillo que se había hecho jugando al fútbol en los *Idol Star Athletics Championships* en febrero, había regresado a China para recuperarse y se perdió prácticamente todo el periodo de promociones. El 22 de abril de 2015, el padre de Tao publicó una carta en Weibo en la que contaba que su hijo había dejado el grupo por motivos de salud y por la falta de apoyo por parte de la compañía para desarrollar su carrera individual. El mensaje de Tao a los fans fue parco en palabras. Decía: «Lo siento. Gracias».

Mientras el resto del grupo permanecía en silencio, la reacción por parte de los EXO-L fue variada. Algunos (los que sabían lo de la lesión) ya se esperaban la noticia. Otros recordaron las palabras de Tao cuando Kris se fue, mientras que muchos simplemente se encogieron de hombros porque ya se estaban acostumbrando. La cuestión sobre qué iba a pasar ahora con EXO-M estaba en el aire. No se habían (y aún no lo han hecho) separado oficialmente, pero ya no volverían a aparecer. A partir de ahora había un solo EXO: eran uno.

Por suerte, apareció una distracción en forma de Ji Yeon-hee, una chica de veintitrés años gran admiradora de EXO. Cuando su madre le pidió que limpiara la casa de al lado, que había puesto en alquiler, descubrió que los nuevos inquilinos no eran otros que Chanyeol, D.O., Baekhyun y Sehun. Por supuesto, todo esto es ficción. No un *fan fiction* (aunque la trama hubiera encajado a la perfección en un *fanfic*), sino un *web drama* (una serie en línea) llamada EXO Next Door, una historia dividida en dieciséis episodios de un cuarto de hora y que se emitía en Naver, una plataforma de *streaming* asiática.

> El 22 de abril de 2015, el padre de Tao publicó una carta en Weibo en la que contaba que su hijo había dejado el grupo por motivos de salud y por la falta de apoyo por parte de la compañía para desarrollar su carrera individual. El mensaje de Tao a los fans fue parco en palabras. Decía: «Lo siento. Gracias».

La serie cosechó 50 millones de visitas y se centra en Yeon-hee, interpretada por Moon Gayoung, y en cómo se vuelve íntima de D.O. antes de darse cuenta de que Chanyeol era su amor de la infancia, a lo que le sigue un complicado triángulo amoroso cuando el resto del grupo aparece por casa. Los EXO-L la recibieron con entusiasmo y apreciaron que, aunque el guion no era digno de Shakespeare, la serie tenía un argumento interesante, era muy entretenida y una gran oportunidad para ver a los chicos actuando.

El nuevo EXO, con nueve miembros, empezó el verano con una declaración de intenciones. Con *Call Me Baby* aún en la mente del público, sacaron *Love Me Right*, una canción fresca y desenfadada que tenía todos los ingredientes para ser un éxito del verano. La base principal, trompetas que contrastaban con la melodía electrónica y los sintetizadores, encajaba a la perfección con la letra, que describe la adrenalina que sientes cuando estás enamorado. Añádele un estribillo imposible de sacarte de la cabeza y la canción sobrepasa la escala de las buenas vibraciones. Es posible que sea uno de los temas más infravalorados del repertorio de EXO, pero los EXO-L nunca olvidarán el grito de Sehun, «*Shawty imma party till the sundown*», que sirvió de inspiración para numerosos memes.

El vídeo que lo acompaña, publicado el 3 de junio de 2015, marcó un antes y un después en el estilo habitual de EXO. En un *collage* de escenas coloridas, los EXO aparecían como jugadores de fútbol americano en el campo y en el vestuario, como amigos pasando el rato en una habitación moderna y como chicos malos de barrio con botes de pintura en espray, pero estas secuencias estaban intercaladas con escenas angustiosas en un bosque y, por supuesto, con escenas de baile, que tenía lugar en un almacén futurista con los chicos vestidos con modernos trajes de rayas blancas y negras. Para aquellos que echaban de menos poder disfrutar de toda la coreografía, SM subió el vídeo del ensayo de baile a finales de julio. Los pasos son divertidos y (relativamente) fáciles de aprender.

Cuando los nueve estrenaron la canción en *M Countdown* el 4 de junio, hicieron una actuación directa y natural, en la que se les veía muy felices. Debido a los otros compromisos del grupo, sería una promoción corta, pero nadie dudaba de su creciente éxito. La canción obtuvo un puesto mejor que *Call Me Baby*; llegó a los primeros puestos de las listas coreanas (fue su segundo número uno) y alcanzó el número tres en la Billboard World Digital Song Sales Chart. De nuevo, EXO arrasó en los programas de música con once victorias más, incluyendo otros tripletes en *Show Champion* y *Show! Music Core*.

Love Me Right fue también el título de la reedición de *Exodus*, que contenía las diez canciones originales, el nuevo sencillo y otros tres temas. Eran canciones de gran calidad. *First Love* (que ya habían subido como regalo para los fans) era una canción *R&B* sencilla y dulce que incluía las voces de los nueve miembros, mientras que *Tender Love* era otro increíble número de *funky*. El nuevo sencillo final, *Promise (EXO 2014)*, se convirtió sin duda en la canción más significativa para miembros y seguidores por igual. Era el primer tema en el que todos los integrantes habían colaborado; Lay compuso tanto la versión china como la coreana y escribió la letra en chino, y Chen y Chanyeol escribieron la letra en coreano. Lo más importante, sin embargo, era que se trataba de un mensaje apasionado y personal dirigido a los fans. Se disculpaban por romper la promesa de permanecer juntos, agradecían el apoyo que habían recibido y hacían una nueva promesa para dedicarse en cuerpo y alma a sus seguidores en el futuro. Es triste y alegre a la vez, y es un tema muy apreciado por los EXO-L. Ahora, más que nunca, sabían que esas palabras eran ciertas: «Somos uno».

Love Me Right llegó a los primeros puestos de las listas coreanas (fue su segundo número uno) y alcanzó el número tres en la Billboard World Digital Song Sales Chart.

KRIS

FICHA TÉCNICA

Nombre: Wu Yifan (nacido como Li Jiaheng)
Nombre artístico: Kris/Kris Wu
Fecha de nacimiento: 6 de noviembre de 1990
Lugar de nacimiento: Cantón, China
Nacionalidad: chino-canadiense
Estatura: 1,87 metros
Función dentro de EXO: líder de EXO-M, rapero, vocalista
Subgrupo(s): EXO-M
Fecha de salida de EXO: mayo de 2014
Superpoder EXO: vuelo

12

Kris, Luhan Y Tao

*D*esde luego, no es extraño que algún miembro abandone un grupo de K-pop, pero las marchas de Kris, Luhan y Tao en 2014 y 2015 supusieron un duro golpe para EXO y sus fans. La pérdida de tres miembros muy valiosos para el grupo afectó a la moral del resto de los integrantes y acabó con el plan de SM Entertainment de presentar grupos gemelos en China y Corea del Sur. Los fans tenían sentimientos encontrados: por una parte, no podían evitar sentirse traicionados por aquellos que habían estado al lado de los demás miembros diciendo «Somos uno» y después se habían ido; por otra, el cariño que sentían por los tres no podía desaparecer así sin más. De hecho, muchos admiradores han continuado siguiendo a Kris, a Luhan y a Tao y han apoyado sus carreras en solitario.

Kris fue el primer miembro en dejar EXO en mayo de 2014, cuando el grupo comenzaba a promocionar *Overdose*. No solo era un miembro esencial de EXO-M, sino que además era el líder del subgrupo y el único que hablaba inglés con fluidez. Su marcha fue un duro golpe para los seguidores y, desde luego, para el resto de los integrantes, que reaccionaron con decepción y algo de enfado ante su decisión. A fin de cuentas, habían vivido muchas cosas juntos.

Wu Yifan se crio en China hasta que, con diez años, se mudó con su madre a Vancouver, Canadá. El Yifan adolescente era un jugador de baloncesto prometedor que incluso se planteó jugar de manera profesional y, a través de este deporte, comenzó a escuchar y a interesarse por el hip-hop. En 2007, cuando tenía dieciocho años, acudió a la audición global de SM Entertainment en Vancouver. No sabía nada de SM ni del K-pop, pero cantó e hizo un poco de *break dance* y, de repente, se vio de camino a Corea para ser *trainee*.

Wu Yifan pasaría cuatro años como *trainee* de SM en Seúl. Fue una época dura para un chico que no estaba nada familiarizado con la cultura coreana. Pasaba muchas horas formándose y echaba mucho de menos su casa. Sin embargo, se hizo amigo del coreano-americano (futuro productor musical) Kevin Shin y se fue abriendo poco a poco al resto de *trainees* e incluso recibió algo de visibilidad cuando apareció en el DVD de un concierto de Girls' Generation.

> En 2007, cuando Yifan tenía dieciocho años, acudió a la audición global de SM Entertainment en Vancouver. No sabía nada de SM ni del K-pop, pero cantó e hizo un poco de *break dance* y, de repente, se vio de camino a Corea para ser *trainee*.

Le pusieron el nombre de Kris y el 16 de febrero de 2012 apareció en solitario en el avance diecisiete de EXO, en el que se le veía saltando del último piso de un edificio. Al día siguiente, cuando fue confirmado como el undécimo miembro del grupo, los seguidores descubrieron aliviados que tenía el superpoder de volar. También le hicieron líder de EXO-M, papel que le concedió SM por su naturaleza cariñosa y porque sabía hablar mandarín, inglés y coreano. Pronto se ganó la reputación de amante de la moda y de, quizás injustamente, ser una persona seca. Esto se debió en parte a la serie *Showtime*, en concreto por el desafío de comer pollo del primer episodio, lo que se convirtió en un tema recurrente de conversación para los admiradores. En él, Kris exclamaba con desdén que el pollo no iba con él, pero cinco minutos después se le veía comiendo. «¿De qué va?», se preguntaban todos.

Kris ha explicado después que abandonó EXO por varias razones, incluyendo que echaba de menos a su familia en China, por las lesiones y enfermedades que sufrió durante su etapa en el grupo y también porque quería más libertad para llevar a cabo sus ambiciosos proyectos en solitario. Nunca volvió a EXO y las disputas legales con SM Entertainment se solucionaron finalmente en julio de 2016.

La salida de Kris de EXO coincidió con el auge de la industria cinematográfica china y, como celebridad de alto nivel, Kris Wu (como ahora se le conocía) dejó a un lado su carrera musical para convertirse en una estrella de cine. Su debut, *Somewhere Only We Know*, llegó a ser número uno en la taquilla china en 2015 y su siguiente trabajo, *Mr. Six*, se convirtió en una de las películas más taquilleras de la historia de China. Su carrera en el cine se hizo internacional con películas como *XXX: Reactivated*, de 2017, con Vin Diesel, y también mantuvo viva su carrera musical, sacando sencillos de hip-hop que llegaron al top diez en China. En noviembre de 2018, sin embargo, volvió a centrarse en el rap, con un álbum mayoritariamente en inglés, *Antares*, que entró en el Billboard 100 de Estados Unidos.

Kris Wu ahora es una gran estrella en China y una celebridad internacional. Se convirtió en la persona más joven en tener una figura en el museo Madam Tussauds de Shanghái, apareció como modelo de pasarela para Burberry en Londres y fue embajador mundial de la marca e, incluso, ha vuelto a la cancha de baloncesto para los partidos *All-Star* de la NBA. Ha indicado que no tiene ningún tipo de contacto con los demás miembros de EXO, pero es evidente que aprecia el tiempo que pasó con ellos, ya que ha dicho: «Guardo un buen recuerdo de todos los momentos. Siento que, sin eso, no podría ser quien soy hoy».

LUHAN

FICHA TÉCNICA

Nombre: Lu Han
Nombre artístico: Luhan
Fecha de nacimiento: 20 de abril de 1990
Lugar de nacimiento: Pekín, China
Nacionalidad: china
Estatura: 1,78 metros
Función dentro de EXO: vocalista, bailarín
Subgrupo(s): EXO-M
Fecha de salida de EXO: octubre de 2014
Superpoder EXO: telequinesis

De los tres miembros que han abandonado EXO, Luhan es probablemente a quien más echan de menos tanto los EXO-L como el propio grupo. Con cara de niño bueno, voz angelical y un alma generosa y abierta, era difícil no querer a Luhan y, desde que dejó EXO, se ha convertido en una de las estrellas más importantes de China.

Cuando era adolescente, Luhan tenía dos pasiones: el fútbol y la música. A sus padres no les hacía demasiada gracia la idea del fútbol profesional ni de que su hijo se convirtiera en estrella del pop, así que debieron de respirar aliviados cuando, en 2008, se presentó a la audición de JYP Entertainment en China y no la superó. Sin embargo, se marchó a una escuela de idiomas en Corea y, a finales de ese año, cuando estaba de compras en Myeon-dong, en Seúl, lo descubrió un *streetcaster* de SM Entertainment. Sería en 2010 cuando finalmente firmaría como *trainee* y ya no hubo nadie que pudiera pararlo. Era muy sociable, se hizo amigo de los otros miembros chinos, compartía su amor por el fútbol con Xiumin y se hizo muy amigo de Sehun.

Cuando el 27 de diciembre de 2011, Luhan se convirtió en el segundo miembro de EXO en ser presentado, bailando con Kai en el segundo avance, el miembro alto con cara de niño conquistó de inmediato a los seguidores del nuevo grupo. Y cuando lo oyeron cantar *Baby Don't Cry* con Chen, de EXO-M, se dieron cuenta de que tenía una voz de infarto.

Con EXO-M, la popularidad de Luhan subió como la espuma en China y en el ámbito internacional. Parecía que podía llevar cualquier color y corte de pelo: rosa y peinado hacia atrás, unos bucles rojos desenfadados o naranja fosforito y despeinado. Su voz era una de las razones por las que muchos preferían algunas de las versiones de las canciones de EXO-M, sobre todo *My Lady*, *Black Pearl* y *Heart Attack*, pero el 11 de octubre de 2014, apenas cuatro meses después de la partida de Kris, Luhan anunció que él también se iba de EXO. Se había perdido los últimos conciertos por problemas de salud y los rumores ya se habían extendido, así que no fue del todo una sorpresa. Dio unas razones similares a las de Kris para marcharse y los fans hicieron campaña en su apoyo; #alwayssupportluhan («siempre apoyaremos a Luhan») se convirtió en tendencia mundial en Twitter.

A decir verdad, está claro que Luhan tomó la mejor decisión para él y no ha vuelto a mirar atrás desde entonces. Solo unos meses después de dejar EXO, ya estaba rodando la comedia china *20 Once Again* como protagonista. Cuando se estrenó en enero de 2015, fue un éxito de taquilla en China y el tema principal de la banda sonora, *Our Tomorrow*, interpretado por él mismo, fue número uno (el vídeo alcanzó un millón de visitas en tan solo cuarenta minutos). Los siguientes tres años aparecería en más películas importantes, incluida la taquillera *Time Raiders* y *La gran muralla*, que coprotagonizó con Matt Damon.

> Parecía que Luhan podía llevar cualquier color y corte de pelo: rosa y peinado hacia atrás, unos bucles rojos desenfadados o naranja fosforito y despeinado.

En 2015, Luhan montó también su propio estudio de grabación. Su primer álbum, *Reloaded*, fue doble platino y vendió más de 2 millones de copias. Después, en octubre de 2016, comenzó una serie de miniálbumes, que salieron cada dos meses hasta su veintisiete cumpleaños, en abril de 2017. Cada uno vendió más de un millón de copias.

Es imposible no encontrarte a Luhan en China. Aparece en carteles y en anuncios de televisión y su nombre está asociado a todo, desde KFC al escarabajo de Volkswagen. Incluso tiene una novia famosa, Guan Xiaotong, una de las actrices más conocidas del país. En 2015, entró en el *Libro Guinness de los récords* cuando una de las publicaciones que había hecho en Weibo en 2012 (un comentario inocuo sobre el Manchester United) acumuló más de 100 millones de comentarios. Y, en 2017, la revista *Forbes* lo nombró la segunda celebridad masculina mejor pagada de China.

Cuando se marchó de EXO, Luhan continuó siguiendo a la mayoría de sus excompañeros en Instagram. Ha dado a entender que sigue en contacto con Xiumin, ha felicitado a Tao por sus cumpleaños y, cuando su cálido reencuentro con Lay en la gala benéfica *Bazaar Star* de 2017 se grabó y publicó en Internet, muchos EXO-L lloraron de felicidad. Puede que echen de menos a su «cervatillo», pero pocos le guardan rencor por el éxito que ha cosechado en su carrera.

> En 2017, la revista *Forbes* nombró a Luhan la segunda celebridad masculina mejor pagada de China.

TAO

FICHA TÉCNICA

Nombre: Huang Zitao
Nombre artístico: Tao/Z. Tao
Fecha de nacimiento: 2 de mayo de 1993
Lugar de nacimiento: Qingdao, China
Nacionalidad: china
Estatura: 1,83 metros
Función dentro de EXO: rapero, vocalista
Subgrupo(s): EXO-M
Fecha de salida de EXO: abril de 2015
Superpoder EXO: control del tiempo

En su ciudad natal, Qingdao, en China, donde poco a poco se había ganado un renombre como rapero, Huang Zitao acudió al *casting* global de SM Entertainment. Como consecuencia, tuvo que coger un avión (por primera vez en su vida) para ir a Corea. Era 2010, y apenas había cumplido los dieciocho años cuando llegó a Seúl. No conocía a nadie, no hablaba coreano y tuvo que compartir habitación con el representante del grupo para aprender el idioma rápidamente. Por suerte, Kris, otro de los *trainees* que hablaba chino, ya llevaba un par de años en SM y lo ayudó a instalarse. A medida que EXO iba tomando forma, se volvieron casi inseparables. También se hizo buen amigo de Sehun (eran dos de los miembros más jóvenes del grupo), aunque ambos se separarían pronto cuando Tao se convirtiera en el *maknae* de EXO-M y Sehun adoptara el mismo papel en EXO-K.

En su tierra natal, además del rap, la otra pasión de Zitao había sido el *wushu*, un arte marcial chino. Había ganado competiciones en Qingdao y sus habilidades para el baile y la lucha empezaron a formar parte de los espectáculos de EXO. Xiumin, que sobresalía en el arte marcial coreano del taekwondo, y Tao practicaban juntos en los dormitorios (¡Luhan dijo que se había acostumbrado a oír a Xiumin gritar de dolor!).

Y fue practicando artes marciales como Tao apareció en el tercer vídeo promocional, haciendo gala de sus habilidades acrobáticas, dando giros y patadas y empuñando su palo de *wushu* con estilo. Los seguidores pronto empezarían a llamarlo su «Kungfu panda». Fue el tercer miembro de EXO en ser anunciado, acortaron su nombre a Tao y le concedieron la habilidad de controlar el tiempo. Cuando su carrera estaba mucho más avanzada, Tao afirmó que no se sentía preparado para debutar, que se lo había confesado a SM, pero que, aun así, había continuado formando parte del grupo.

Tao ocupó el puesto de rapero en EXO-M. A pesar de tener menos versos que Kris, muchos *exotics* creían que era mejor rapero y algunos incluso lo ponían por encima de Chanyeol. Sin duda, en canciones de EXO-M como *Wolf, Two Moons, Growl* y *Baby Don't Cry*, demostró su gran carisma. Además, su voz añadía gran calidad al sonido del grupo, como los fans descubrieron en *Peter Pan, Machine* y *Baby*.

Cuando Kris se marchó del grupo, fue Tao quien reaccionó con mayor enfado. En publicaciones en Instagram y Weibo escribió extensamente sobre lo traicionado que se sentía por el que había sido su amigo. Sin embargo, un año más tarde expresó arrepentimiento por su reacción, dijo que la marcha de Kris le había sorprendido y que entendía por qué había sentido que debía marcharse.

Más adelante, el 23 de abril de 2015, el mensaje de Tao en Weibo («Lo siento. Gracias») confirmaba lo que muchos ya sospechaban. Él también había dejado el grupo. La carta de su padre en la red social daba a entender que había convencido a su hijo de que se marchara debido a la falta de apoyo con respecto a sus lesiones crónicas provocadas en las demostraciones de artes marciales. Los fans estaban tristes pero no sorprendidos y sus compañeros de EXO aún parecían tener al *maknae* de EXO-M en gran estima. Tao y Kris no se reconciliaron públicamente hasta diciembre de 2018, cuando se les vio abrazándose en el concierto de Año Nuevo de Dragon TV.

Al igual que Kris y Luhan, Tao pronto comenzó a labrarse una carrera en China. En agosto ya había lanzado dos miniálbumes en solitario con éxito, *T.A.O* y *Z.TAO*, con el nombre de Z.Tao. Había compuesto las letras y la música del último y, en 2016, sacó su primer álbum de estudio como cantautor, *The Road*. El disco incluía la canción *Hello, Hello,* una colaboración con el rapero estadounidense Wiz Khalifa, que lanzaron como sencillo.

En su tierra natal, además del rap, la otra pasión de Zitao había sido el wushu, un arte marcial chino. Había ganado competiciones en Qingdao y sus habilidades para el baile y la lucha empezaron a formar parte de los espectáculos de EXO.

Tao se unió a los otros antiguos miembros al tratar de labrarse una carrera como actor. Coprotagonizó *Railroad Tigers* junto con Jackie Chan en 2016 y, al año siguiente, apareció en el *thriller Edge of Innocence* y la película de artes marciales *The Game Changer*. También tuvo un papel principal en el popular webdrama *A Chinese Odyssey: Love You a Million Years*.

Puede que Tao no haya conseguido aún el enorme éxito de Kris y Luhan, pero sigue siendo una celebridad popular en China. Es embajador de Yves Saint Laurent y, en televisión, se ganó a los telespectadores con su apariencia sincera y honesta en el *reality* militar *Takes a Real Man* y como presentador del programa de talentos *Produce 101*.

Los EXO-L quedaron fascinados con una escena de *Produce 101* en la que criticaba la actitud de las concursantes y recordaba sus propios días como *trainee*. Dijo que, a pesar de no tener qué comer y vivir en un apartamento con otros veinte *trainees*, nunca se había peleado o había tenido envidia de los demás. Estaba claro que recordaba sus días en EXO con orgullo y que aún valoraba todo lo que habían conseguido juntos.

Es embajador de Yves Saint Laurent y, en televisión, se ganó a los telespectadores con su apariencia sincera y honesta en el *reality* militar *Takes a Real Man* y como presentador del programa de talentos Produce 101.

13

La Ola EXO

En Corea del Sur se le llama *hallyu*. En Occidente se la conoce como la Ola coreana. Hace referencia al interés mundial por la cultura coreana, que ha ido creciendo más y más desde finales del siglo XX. El término engloba cosméticos, comida y otros productos, pero la *hallyu* ha sido liderada por el K-drama y el K-pop y propulsada por el auge de Internet y las redes sociales. Para EXO y otros artistas de K-pop, esto ha supuesto que seguidores de todo el mundo conozcan su música, que hayan visto los vídeos y se hayan enamorado de ellos tanto como los fans autóctonos.

Fuera de Corea, SM se había centrado en crear una base de fans en China a través de EXO-M, pero ahora tres de los cuatro miembros chinos habían salido del grupo y habían dejado a Lay como único representante chino. ¿Afectaría esto a la popularidad de EXO en China? La reacción a EXOPlanet#2: The EXO'luXion durante el verano de 2015 demostró lo contrario. La gira, con un repertorio muy parecido al de los conciertos de marzo en Seúl, pero incorporando los nuevos temas *Love Me Right* y *Promise*, supuso once nuevas fechas con las entradas agotadas en seis ciudades chinas, con un público total de más de 100.000 personas.

Tal vez preocupados por la posibilidad de perder a su último miembro chino, SM le permitió a Lay crear su propio estudio en China y que se promocionase como cantante en solitario y como actor mientras seguía siendo miembro de EXO. Estaba a punto de convertirse en una superestrella en su país natal, publicó su autobiografía en septiembre, llamada *Standing Firm at 24*, que rápido se convirtió en éxito de ventas, y fue elegido para un papel principal junto a Jackie Chan en una película importante, *Kung Fu Yoga*.

Los vecinos asiáticos de Corea del Sur siempre habían estado al frente de la *hallyu* y ya llevaban a EXO en sus corazones. La nueva gira de EXO los llevó a Taipéi, en Taiwán, a Bangkok, en Tailandia, y a Hong Kong. Actuaron dos noches en cada ciudad para un público de más de 10.000 personas. En cada país y en cada recinto, la emoción era la misma, con varitas fluorescentes, coros de los fans, pancartas en alto y gritos acompañando a cada canción.

Lo que hacía que cada actuación fuera diferente era la forma en la que los miembros del grupo se divertían con sus seguidores. Muchos se sorprendieron cuando oyeron a Baekhyun hablar cantonés en Hong Kong, les hizo gracia cuando reveló que sus conocimientos del idioma venían de haber visto muchas veces la película hongkonesa *Shaolin Soccer* y les encantó cuando cantó el tema principal. Y, en Bangkok, Chanyeol cogió uno de los cientos de carteles en los que ponía «EXO-L protegerá a EXO», se sentó en el escenario y cambió el mensaje para que se leyese «EXO protegerá a EXO-L».

A la vez que iban sumando fans, EXO demostró que no habían olvidado el apoyo de su tierra natal y volvieron a Seúl en septiembre para actuar en el recién inaugurado Gocheok Sky Dome. Se convertirían así en los primeros artistas en dar un concierto en un estadio cubierto en Corea y se lo dedicaron a los admiradores que habían apoyado *Exodus* y *Love Me Right*, discos que superaron el millón de copias vendidas dos veces consecutivas. El concierto contó con todas las canciones favoritas de los fans, pero lo más memorable fueron las actuaciones inéditas: Chanyeol cantó *All of Me* de John Legend; Chen, Xiumin y Baekhyun se unieron para versionar la canción de SG Wannabe *As We Live*; y D.O., acompañado por Chanyeol a la guitarra, interpretó una versión de *Boyfriend* de Justin Bieber.

Desde agosto, TV Tokyo, un famoso canal de Japón, había estado emitiendo episodios semanales de cinco minutos del *EXO Channel*. La mezcla de entrevistas, grabaciones entre bastidores y vídeos de actuaciones en directo resultó ser una presentación fabulosa del grupo a los seguidores japoneses. También demostró ser un avance perfecto de la gira EXO'luXion, que estaba a punto de revolucionar el país con ocho conciertos, incluyendo los tres que se realizaron bajo las enormes cúpulas de los estadios de Tokio y Osaka. Puesto que el calendario de grabación de *Kung Fu Yoga* coincidía con las fechas japonesas, SM permitió que Lay se perdiese los espectáculos de Japón, aunque todos tuvieron que esmerarse en señalar que seguía formando parte del grupo.

EXO escogió hábilmente este momento para lanzar su primer tema en japonés, *Love Me Right – Romantic Universe*. La canción era una versión literal de su éxito en coreano, pero en el CD iba junto a una pieza original en japonés llamada *Drop That*, que hizo que EXO llegase pisando fuerte a ritmo de rock, con un sonido muy fiestero. Con su estribillo «*Jump, jump, jump*», quedaba claro que sería infalible en directo y se convertiría en favorita desde su primera reproducción. *Love Me Right* fue directa al número uno de la Oricon Chart japonesa y permaneció allí durante dos semanas. En la primera semana, batió el récord de ventas como primer sencillo de un artista extranjero. En lo que respecta al K-pop, los EXO eran los reyes de Japón.

De vuelta a casa, en Corea del Sur, la gran noticia era el estreno inminente de la nueva película de *La guerra de las galaxias: El despertar de la fuerza*. Gracias a la trama interplanetaria previa y al uso de espadas láser al estilo de *La guerra de las galaxias* en algunas de sus actuaciones sobre el escenario, los EXO eran una opción bastante evidente para promocionar la película. De hecho, hicieron algo más que promocionarla, sacaron un sencillo digital y un videoclip, *Lightsaber*, en colaboración con la productora cinematográfica Disney. La canción, grabada en coreano, japonés y chino, no tuvo el mismo impacto en las listas que sus otros sencillos más recientes, pero *Lightsaber*, con un claro sonido *dance*, estribillos *dubstep* muy pegadizos y el impresionante rap de Chanyeol, bastó para entusiasmar al *fandom*.

Todo el grupo colaboró con las voces, pero, en el videoclip, solo aparecían Baekhyun, Kai y Sehun. La canción empieza con la icónica respiración profunda de Darth Vader, pero, aparte de una discoteca «solo para *jedis*» y el uso de espadas láser, la escenografía de *La guerra de las galaxias* servía más bien como telón de fondo que como tema principal del vídeo, que parece escalar hacia un clímax dramático, sin llegar nunca a alcanzarlo. Eso sí, los chicos salían muy guapos en el vídeo de *Lightsaber*: un Kai rubio con un corte reciente en la mejilla, un enfadado Baekhyun pelirrojo con una chaqueta de béisbol en una tienda de ultramarinos y Sehun, con una chaqueta blanca de cuero, en moto a toda velocidad. A quienes les gustó esta colaboración les encantó ver a Suho, a Chen, a Kai y a Sehun en una divertida sesión de fotos junto a objetos y personajes de *La guerra de las galaxias* en el número de diciembre de 2015 de *Vogue Korea*.

> **'Lightsaber' + 'Drop That' at MAMA 2015**
> Después de dejar huella en la alfombra roja de los MAMA con jerséis de Prada (aunque el estampado de conejitos de Xiumin y Chanyeol dividió la opinión de los fans), EXO acaparó toda la atención en los MAMA 2015 con su actuación en directo. Esa noche demostraron que la importancia que se les estaba dando era por algo. Empezaron con *Lightsaber*, en cuya coreografía incluyeron sables de luz y un duelo entre Kai y Sehun; después, continuaron con una representación muy enérgica de *Drop That*, cantada en directo y con D.O. y Chen dándolo todo vocalmente.

En 2015, SM Entertainment implicó a muchos de sus artistas en trabajos para UNICEF, la ONG mundial en favor de los niños. Los EXO, cuyos miembros habían pasado algún tiempo de voluntarios en centros para el cuidado de los niños, antes incluso de su debut, y habían financiado en secreto varias ONG coreanas y chinas, tenían muchas ganas de ayudar. Anunciaron que parte de los beneficios recaudados durante el lanzamiento del especial de invierno de 2015 iría para Smile For U, un proyecto conjunto entre SM Entertainment y UNICEF que fomenta la educación musical de los niños en Asia.

Los chicos salían muy guapos en el vídeo de *Lightsaber*: un Kai rubio con un corte reciente en la mejilla, un enfadado Baekhyun pelirrojo con una chaqueta de béisbol en una tienda de ultramarinos y Sehun, con una chaqueta blanca de cuero, en moto a toda velocidad.

Tras publicar como adelanto un fabuloso álbum de fotos con imágenes en blanco y negro de cada uno de los chicos, pensativos y sonrientes, con jerséis lisos de cuello alto y la nieve cayendo con suavidad, el 10 de diciembre de 2015 apareció el miniálbum. El concierto del *comeback* se produjo frente a unos pocos seguidores afortunados en Lotte World, un parque temático de Seúl, aunque también se les pudo sintonizar por V Live, una plataforma de vídeo en directo que se había lanzado aquel mismo verano.

Vestidos con trajes morados a juego, el grupo cantó *Love Me Right* y tres canciones nuevas del EP navideño, hablaron de cómo habían hecho el vídeo del tema principal, *Sing for You*, y enseñaron una grabación entre bastidores de la sesión de fotos. También participaron en un concurso que llevó al perdedor, D.O., junto a Suho (quien ganó y se nominó a sí mismo para acompañarlo) a montar en el aterrador barco vikingo del parque de atracciones.

Ahora bien, fue Lay quien dejó anonadado al público cuando contó que 2015 no había sido fácil para EXO. «Las palabras que quiero dedicar al resto de miembros son "lo siento" y "os quiero"», dijo antes de romper a llorar y abandonar momentáneamente el escenario. Baekhyun explicó: «Lay ha estado ocupado con sus eventos en China, así que no ha podido pasar mucho tiempo con nosotros. No tiene por qué arrepentirse de nada, pero siempre nos pide perdón. Creo que llora por eso». La actuación batió récords en la aplicación V Live, ya que 1,2 millones de personas lo vieron en directo y la grabación consiguió una cifra similar de reproducciones.

Sing for You es la canción más sincera de EXO. Es una balada cantada de forma maravillosa y acompañada tan solo de una delicada guitarra acústica. Tiene pocos efectos de producción y el arreglo es tan sencillo que solo se basa en sus voces (cantan todos) brillantes, especialmente el *vibrato* de Chen y los tonos suaves y relajantes de Chanyeol.

Arriba: EXO-M en el escenario en Tianjin, China, en junio de 2012.

Derecha: EXO-K posando para las cámaras en Seúl, Corea del Sur, en abril de 2012.

Abajo: La ceremonia de los MAMA 2012 en Hong Kong unió a EXO-K y a EXO-M de nuevo.

SUHO

XIUMIN

LAY

BAEKHYUN

CHEN

CHANYEOL

D.O.

Puede que cambien de tinte y de peinado, pero siguen siendo queridos por millones de personas en todo el mundo. Nueve artistas con un talento increíble reunidos para formar una de las mejores *boybands* del mundo.

KAI

SEHUN

Arriba: Con sus famosas chaquetas doradas en The EXO'luXion en Shanghái, China, en mayo de 2015.

Abajo: EXO en el escenario en el Gocheok Sky Dome en Seúl, Corea del Sur, durante su actuación EXO – Love Concert in Dome en octubre de 2015.

Izquierda: secuencia de «El árbol de la vida» al comienzo de la coreografía de EXO para *Wolf* en el Champion Show de MBC Music, en Seúl, en junio de 2013.

Arriba: Los ocho miembros de EXO, sin Lay, se hicieron con el escenario en el Gangnam Hanryu Festival en Seúl, Corea del Sur, en octubre de 2015.

Abajo: EXO interpreta *Monster* en el SBS K-Pop Super Concert en Suwon, Corea del Sur, en junio de 2016.

Arriba: EXO interpreta *Monster* en el MBC Korean Music Wave en Seúl, Corea del Sur, en octubre de 2016.

Abajo: EXO posa antes del Dream Concert de Seúl, Corea del Sur, en junio de 2017.

Arriba: «¡Somos uno!». EXO promociona su cuarto álbum, *The War*, en Seúl, Corea del Sur, en julio de 2017.

Abajo: EXO fue la gran sensación en la ceremonia de clausura de los Juegos Olímpicos de Invierno en Pieonchang, Corea del Sur, en febrero de 2018.

En el videoclip, grabado en blanco y negro igual que los avances, aparece el grupo al completo divirtiéndose y, a continuación, contrastando con esa imagen, solos con sus crisis emocionales y su desesperación. Hay material muy potente, como Chanyeol y Suho enzarzándose en una pelea brutal a puñetazos, Kai imitando sus movimientos mientras baila en solitario en la nieve, D.O. gritando al volante de su coche y, por raro que parezca, Sehun vestido de astronauta que flota en el espacio y al que, de repente, se le une una ballena. A menudo se describe a las ballenas como las criaturas más solitarias, pero algunos afirman que se trataba de una referencia al poema para niños *La ballena del astronauta* sobre la amistad duradera. ¿El vídeo aludía al dolor motivado por las salidas de Kris, Luhan y Tao y su consiguiente resurgimiento? Muchos fans han desarrollado teorías sobre este tema, pero no dejan de ser más que conjeturas.

La ballena y el astronauta también aparecían en las ilustraciones del EP, que se lanzó, como siempre, en versión china y coreana, cada una con cinco canciones. Además del sencillo que ya habían publicado, el EP incluía *Lightsaber*, la canción con ritmos rápidos *Girl x Friend*, la sensual *On the Snow* y un tema que el grupo promocionó junto a *Sing for You* llamado *Unfair*. En la presentación, los chicos explicaron que las dos últimas canciones serían los temas principales del álbum porque no se habían podido decidir por ninguna de las dos. *Unfair* es una canción pop alegre sobre un chico que se derrumba frente a una chica. Se aseguró su puesto en la historia de EXO cuando se convirtió en la primera canción K-pop en colarse en la lista de iTunes «Best of the Week» de Estados Unidos.

Los EXO-L le tienen mucho cariño a *Unfair* por dos razones. Una es porque se usa la palabra *eomaya*, que se traduce como «ay, caramba» y que se convirtió en otro meme del *fandom*, sobre todo tras una retransmisión en V Live en la que Sehun la cantó una y otra vez de forma muy tierna. La segunda es porque EXO promocionó la canción en *Music Core*, donde hicieron una actuación fantástica y muy apreciada disfrazados de profesiones diferentes. D.O. apareció vestido

Unfair se aseguró su puesto en la historia de EXO cuando se convirtió en la primera canción K-pop en colarse en la lista de iTunes «Best of the Week» de Estados Unidos.

de agente de la policía con una porra, Xiumin de piloto de aviones, Suho de taxista, Sehun de mecánico, Chanyeol de cocinero, Chen de bombero, Baekhyun de médico y Kai de conductor de Fórmula 1 con casco incluido. Mientras lo buscas en YouTube, quizá también quieras ver la actuación en *Inkigayo*, en la que están monísimos vestidos de Papá Noel.

Una semana después, las versiones coreana y china se colocaron en el número uno y dos, respectivamente, de las listas coreanas, y batieron el récord de ventas en la primera semana que ya había fijado EXO con su álbum *Exodus* tras vender 267.900 copias. Llegaron al número seis en la lista Oricon japonesa y también entraron en el sexto puesto en las listas mundiales de Estados Unidos. EXO conseguiría tres trofeos más al hacer un triplete en *Music Bank* durante las fiestas navideñas.

En medio de la promoción del EP y la gira EXO'luXion, que los llevó por el sudeste asiático, llegó la temporada de premios. Aún estaban en Japón cuando llegaron las MMA, aunque, por la manera en que los EXO-L gritaron por todo el Seoul Olympic Park Gymnastics Arena cuando ganaron el *daesang* al Álbum del Año por *Exodus*, nadie habría dicho que no estaban allí presentes. Y los que sí que no se perdieron fueron los MAMA a principios de diciembre, donde ganaron el premio al Álbum del Año por tercer año consecutivo, recogiendo otro *daesang*.

Cuando llegaron las galas más importantes de Año Nuevo, Lay volvía a tener otros compromisos, pero EXO siguió recogiendo los premios más importantes. Los Seoul Music Awards, donde recibieron el premio principal por tercer año consecutivo, estuvieron marcados por los gritos de los EXO-L animando al público para que le cantase *Cumpleaños feliz* a Kai. Para terminar la temporada, lograron otro triplete de *daesangs* en los Golden Disc Awards. En sus discursos quedó demostrada la modestia del grupo, como cuando Chen señaló que creía que EXO todavía podría mejorar, cuando proclamaron su amor por los EXO-L, a quienes dedicaron la victoria, y por la forma en la que se cuidaban los unos a los otros (en este caso, estaban preocupados por Xiumin, que se había lesionado la pierna durante el partido de fútbol anual *Idol Star Athletics Championships*).

EXO había empezado 2016 a lo grande; habían sacado un disco

de éxito y habían recogido *daesangs* en todas las galas importantes. Lay había estado ausente varias veces, pero seguía comprometido con el grupo. El resto también había estado actuando, presentando programas, subiéndose a los escenarios y realizando otras actividades que los habían mantenido ocupados cuando se lo permitía su calendario con EXO. El Año Nuevo prometía grandes cosas. Estaban a punto de llevar la gira EXO'luXion a Norteamérica e iba a ser la primera vez que actuaran en el continente. Además, en los Golden Disc Awards, Suho había prometido un nuevo disco. Bueno, ¡por lo menos aseguró a los fans que habría uno entre enero y diciembre! Se avecinaban tiempos realmente emocionantes...

CHEN

FICHA TÉCNICA

Nombre: Kim Jong-dae
Nombre artístico: Chen
Fecha de nacimiento: 21 de septiembre de 1992
Lugar de nacimiento: Siheung, Corea del Sur
Nacionalidad: surcoreano
Estatura: 1,73 metros
Función dentro de EXO: vocalista
Subgrupo (s): EXO-M, EXO-CBX
Superpoder EXO: rayos

14

Chen

El popular programa coreano de televisión del domingo por la tarde *King of Mask Singer* tiene un formato muy interesante en el que un personaje célebre se disfraza completamente con trajes elaborados, utiliza nombres inventados para mantener su identidad secreta y canta en un concurso. En la primera edición, en 2015, apareció un personaje llamado «Guitarrista Legendario», un hombre que cantaba *Drunken Truth* de Jeon Ram-hwi con la cara cubierta por una máscara llena de purpurina en forma de guitarra dorada.

El guitarrista ganó la primera ronda, pero fue eliminado en la siguiente y se vio obligado a revelar su identidad. Para sorpresa del jurado se desenmascaró como Chen, de EXO, la mayor estrella que había visitado el programa. Dijo que le había entrado curiosidad por ver cómo reaccionaría la gente a su voz sin saber que era Chen de EXO. Esto demostró, como si no lo supiésemos ya, que la forma de cantar de Chen era angelical y, también, que era todo un bromista.

Kim Jong-dae creció en Siheung, una ciudad a solo treinta kilómetros de Seúl. Al final de sus años en el instituto, ya era un cantante consumado, hecho que respalda un vídeo de YouTube en el que sale cantando con una banda de jóvenes del conservatorio. Tenía dieciocho años cuando su maestro de canto le sugirió que se presentase a las audiciones de SM. Más tarde reconoció que, al principio, la idea

> El guitarrista ganó la primera ronda, pero fue eliminado en la siguiente y se vio obligado a revelar su identidad. Para sorpresa del jurado se desenmascaró como Chen, de EXO, la mayor estrella que había visitado el programa.

de convertirse en un *idol* no le atraía, pero la canción del grupo de SM SHINee, *Please, Don't Go* le hizo cambiar de opinión, así que aceptó con gusto la sugerencia.

Fue durante esta audición cuando Jong-dae se hizo amigo de Baekhyun y compitió contra él por un puesto como *trainee* en la compañía. En mayo de 2011, llegó a SM Entertainment y se volvió a encontrar con Baekhyun. Los habían cogido a los dos y su nuevo amigo había llegado tan solo unos días antes. Igual que a Baekhyun, solo lo habían formado durante unos pocos meses antes de seleccionarlo para EXO. Aun así, Jong-dae estaba mucho más cerca de lo que sería el producto final que su futuro compañero de banda.

El 29 de diciembre de 2011, apenas seis meses después de haberse unido a SM, Chen apareció en el escenario de SM Town en el especial televisivo de Nochevieja *Gayo Daejeon*. También salían Kai, Luhan y Tao, pero fue a Chen a quien pusieron como solista en un cartel lleno de estrellas. Con confianza plena, vestido con un traje y un sombrero de fieltro, bordó los treinta segundos de su número de ópera, pese a haber sido presentado como el cuarto miembro de EXO aquella misma mañana y no habérsele visto todavía en un avance.

Apareció en febrero, muy brevemente, en el avance número diecinueve. Por aquel entonces, ya había participado en el primer prólogo del sencillo *What Is Love* de EXO-M. Lo hizo de maravilla, sobre todo teniendo en cuenta que cantaba en mandarín y que llevaba poco tiempo aprendiendo el idioma (aunque a los fans lo que más gracia les hizo fue su pronunciación de la palabra inglesa «*girl*» como «*gull*»). A pesar de ser surcoreano, se presentó voluntario para pertenecer al EXO chino y se le puso Chen, el popular nombre chino, como apodo artístico, posiblemente un guiño a Edison Chen, un rapero y actor famoso.

Chen se convirtió de inmediato en una pieza fundamental del trío más divertido de EXO, también conocido como *beagle line*, junto a Baekhyun y Chanyeol. Dentro del grupo era conocido por su hiperactividad y su afición a gastar bromas, pero también por su naturaleza considerada. En una entrevista para la revista *ViVi*, les preguntaron a los miembros de EXO quién creían que era el más atento de ellos y todos escogieron a Chen. Parece que es capaz de llevarse bien con cualquiera; compartió habitación con Lay en Corea y después con Kris en China para mejorar su mandarín, pero también hizo buenas migas en otros grupos de SM, incluyendo a Ryeowook y a Jonghyun de Super Junior y a Onew de SHINee.

Los seguidores se enamoraron del cantante por su encantadora sonrisa y la manera en la que sacaba la lengua cuando se reía. Tenía fama de ser el más cercano en las firmas de discos (él decía que practicaba su firma sin mirar para poder mantener el contacto visual con sus fans) y ellos se fijaban en que siempre estaba dispuesto a ayudar a los demás miembros cuando se sentían mal o se habían hecho daño en el escenario. Al principio le pusieron el apodo de *Dance machine* («Máquina de baile»), después de que un fan se lo gritase durante una firma. Puede que fuera irónico, pero caló. El baile no era el fuerte de Chen, pero, por supuesto, se estaba esforzando muchísimo en mejorar y era un aprendiz rápido.

De todas formas, el atractivo principal era su voz. Desde su debut, Chen fue considerado una de las mejores voces del K-pop de su generación y ha seguido progresando. Domina sus potentes y sofisticados tonos de tenor, pero también sabe cantar en falsete y mantener las notas altas (solo hay que escuchar *Drop That* o el remix de *Wolf* en el EXO'rDIUM para comprobarlo). Sus contribuciones, a veces, pasaban desapercibidas antes de que los grupos se fusionasen, ya que la mayoría de los fans escuchaban a EXO-K, aunque bastantes habían manifestado su preferencia por las versiones de EXO-M. A menudo se dice que la voz de Chen mejora canciones como *Black Pearl, Heart Attack, Thunder, Miracles in December* y *My Lady*.

La marcha de los tres miembros chinos, especialmente la de Luhan, cambió la dinámica del grupo y aumentó la relevancia de Chen en él. Ahora su pronunciación en mandarín era considerada la mejor de todos los miembros surcoreanos y, cuando los OT9 se juntaron, sus actuaciones en directo fueron espectaculares. Aunque eran sus notas altas lo que solía llamar la atención de los seguidores, su voz

Desde su debut, Chen fue considerado una de las mejores voces del K-pop de su generación y ha seguido progresando. Domina sus potentes y sofisticados tonos de tenor, pero también sabe cantar en falsete y mantener las notas altas.

clara y cristalina, capaz de trasmitir emoción y entusiasmo, era la pieza clave en muchas de las canciones de EXO.

Con OT9, el interés de Chen por componer canciones empezó a pasar al primer plano y este ayudó a escribir la letra de *Promise* en la reedición de *Love Me Right*. La letra de la canción de 2016 *She's Dreaming*, en *Lotto*, era suya, y en ella muestra una imagen creativa y romántica en la que, a través de la luz de la luna, él aparece en el sueño de una chica a la que ama. En *The War*, aportó unos versos para *Ko Ko Bop* y *Touch It*. Le comentó a *Billboard*: «Reproduzco las letras en mi cabeza como si fuesen escenas de una película». También llevó su composición a otro nivel en *Lights Out* en el EP de 2017, *Universe*, y junto a Chanyeol en *Love Shot* en 2018. Ambas canciones exploran en profundidad el significado del amor.

En septiembre de 2015, quienes habían disfrutado del Chen enmascarado cantando en solitario en *King of Mask Singer* pudieron volver a verlo sobre el escenario. Junto a otras estrellas del K-pop, como Dongwoo y Sunggyu de Infinite, Key de SHINee y Luna de f(x), Chen fue caracterizado como Benny en *In the Heights*, la producción del musical de Lin-Manuel Miranda en Seúl. Su actuación fue muy bien acogida y él disfrutó de la experiencia, pero esa ha sido su única aparición como actor hasta la fecha.

Durante una rueda de prensa para el espectáculo de variedades de 2013-2014 de EXO, *Showtime*, Chen provocó a los admiradores prometiéndoles cantar si la audiencia del programa superaba el 1,2 por ciento (los índices de audiencia siempre se expresan en forma de porcentaje en Corea del Sur). Cuando esta fue muy superior a esa cifra, cumplió su promesa y cantó una bonita versión de la balada *Nothing Better* en el séptimo capítulo. Los seguidores que lo vieron no tardaron en pedir un solo de Chen y, en agosto de 2015, su deseo se cumplió.

Su primera canción en solitario, *Best Luck*, perteneció a la banda sonora de una telenovela llamada *It's Okay, That's Love*, lo que le hizo muy feliz, ya que estaba protagonizada por D.O., que interpretaba a un estudiante de instituto y aspirante a escritor. Chen canta con una ternura perfecta y se dice que la grabó en una única toma, toda una hazaña para un solo tan difícil. No solo entró en los primeros diez puestos de las listas en Corea, sino que también derritió el corazón tanto de fans como de nuevos oyentes.

Durante los años siguientes, Chen se ganó otro mote: el «Rey de las Bandas Sonoras». La canción *Everytime*, a dueto con la cantante Punch (que también trabajaría con Chanyeol) para la serie de televisión *Descendants of the Sun*, llegó al número uno en Corea; junto a Suho, alcanzó el éxito con *Beautiful Accident*, una poderosa balada para una película china con el mismo nombre, y se unió a Baekhyun y a Xiumin en *For You*, un éxito previo a CBX y el tema de la banda sonora de la serie de televisión de 2016 *Moon Lovers: Scarlet Heart Ryeo*.

En una entrevista para la revista coreana *Singles*, Chen contó cómo abordaba él las bandas sonoras. Explicó que intenta entender el mensaje de la canción más que de la telenovela en sí, enfocándola como músico más que como actor, y dijo: «Creo que, si entiendo las letras del todo y las canto con sinceridad, la canción encajará bien en la escena». Este método le ha funcionado en sus últimas canciones para una banda sonora que ha grabado en solitario. Una balada lacrimógena llamada *I'm Not Okay* para la telenovela *Missing 9* en 2017 y *Cherry Blossom Love Song* de *100 Days My Prince* (también protagonizada por D.O.) reforzaron su reputación como el Rey de las Bandas Sonoras.

> Durante los años siguientes, Chen se ganó otro mote: el «Rey de las Bandas Sonoras».

SM Entertainment también le dio a Chen la oportunidad de mostrar sus habilidades vocales fuera de EXO. Cantó tres canciones en el segundo disco del proyecto de baladas de SM en 2014, incluyendo la versión china del tema que da nombre al disco, *Breath*, junto a la cantante china Zhang Liyin, y *A Day Without You*, con el cantante Jonghyun de SHINee. Ambas canciones llegaron al top diez de Gaon en Corea del Sur.

Chen también protagonizó colaboraciones en el proyecto de lanzamiento digital de SM Station. Lo mejor de esto fue su incursión en 2016 en la música *dance* junto a DJ Alesso con *Years* (interpretada en conciertos de EXO en ElyXiOn [dot]) y *Nosedive*, una colaboración con Dynamic Duo. En la última, se producía un contraste entre la voz dulce de Chen con el rap crudo de Duo en una canción motivacional sobre la importancia de dejar que tus emociones afloren en las épocas malas. *Nosedive* llegó al número dos en las listas y el videoclip ha superado los 6 millones de visualizaciones en YouTube.

> **Immortal Song 2 – Chen and Baekhyun – 'Really I Didn't Know'**
>
> En el programa coreano de los sábados por la tarde *Immortal Songs: Singing the Legend*, artistas de K-pop compiten entre ellos cantando diferentes canciones de un repertorio de artistas legendarios. En el episodio emitido el 17 de agosto de 2013 seis grupos cantaron temas famosos de Jang Mi-hwa e Im Hee-sok. Con su actuación de *Really I Didn't Know*, Chen y Baekhyun demostraron a toda una nación que se acababa de despertar con *Growl* que esos chicos tan guapos también tenían unas voces preciosas. En cuanto a Chen, evidenció que podía cantar notas tanto altas como bajas con una intensidad increíble. Es una actuación sorprendentemente potente. ¡Los chicos deberían haber ganado!

En 2016, SM también creó el subgrupo EXO-CBX: Chen era la C, la B era Baekhyun y la X representaba a Xiumin. Los chicos dijeron que la idea surgió cuando su entrenador del gimnasio les dijo que quedaban bien como grupo porque medían casi lo mismo, así que ellos trasladaron la propuesta de un nuevo subgrupo a SM. Con CBX, Chen se divirtió con sus amigos en el animado *Hey Mama!* e hizo un delicioso solo en *Thursday* de *Blooming days*; y, habiéndole dejado libertad para probar algo nuevo, sorprendió a los seguidores con una canción de rock, *Watch Out*, en el disco en japonés.

Chen se sentía tan libre que hasta se atrevió a experimentar con el caoba en el videoclip de EXO-CBX, *Blooming Days*. Recuerda, este es el chico que con anterioridad había sido el único en EXO en mantenerse alejado de los botes de tinte de colores intensos; solía preferir los tonos marrones y el negro, aunque en períodos más cortos de tiempo. El *comeback* de 2017, *The War*, trajo consigo a un Chen rubio (probablemente su *look* más popular) y, después, para la reedición de *Power*, ahí estaba él con un naranja intenso. No gustó a todo el mundo, pero ¡seguro que llamó la atención de los fans!

De todas formas, la belleza de Chen va más allá de lo superficial. De hecho, es probable que sea el más majo de todo el K-pop. En noviembre de 2018, la aplicación para votaciones Idol Champ realizó una encuesta para averiguar qué ídolo era el «*Warm City Man*», un término coreano para definir a alguien de gran sonrisa y corazón. Chen logró el 45 por ciento de los votos, el porcentaje más alto de todos los nominados. De hecho, el cantante es famoso por su generosidad con las ONG y organizaciones de voluntarios. En ocasiones ha donado miles de dólares en secreto.

Se dice que Chen es el miembro más infravalorado de EXO. Quizá se deba al tiempo que pasó con EXO-M o quizá hizo falta que emergiese como el Rey de las Bandas Sonoras para que la gente apreciara todo su talento, pero actualmente no hay duda de que su preciosa voz hace de él un miembro indispensable en canto y que su naturaleza divertida y generosa aumenta el carisma tanto de EXO como de EXO-CBX. Chen es, de hecho, una piedra preciosa en el corazón del grupo.

> La belleza de Chen va más allá de lo superficial. De hecho, es probable que sea el más majo de todo el K-pop.

15

EXO va a EE. UU.

En 2016, el K-pop ya se había establecido en Estados Unidos. Tenía el respaldo de los más de un millón de coreano-americanos del país y también fue acogido por melómanos de distintas comunidades, a quienes les empezó a gustar la frescura y la energía del sonido que venía del otro lado del Pacífico. La presencia del K-pop había crecido durante más de una década gracias a artistas como Rain, Wonder Girls y Girls' Generation, que ya habían dejado huella antes de que el *Gangnam Style* de Psy se volviera viral en verano de 2012.

Aunque algunos consideraban que la música de Psy no era K-pop de verdad, consiguió que la gente abriera los oídos (y la mente) a la música coreana. La KCON, la convención *hallyu* fundada en 2012, traspasó sus fronteras por primera vez en 2016 para ir a California. En ese momento, los grupos de K-pop más importantes empezaron a ver oportunidades no solo en Estados Unidos, sino por todo el continente, desde Canadá hasta México y Brasil. «Psy, Super Junior, Girls' Generation, TVXQ y SHINee, que son los *sunbaes* [los más experimentados] nos allanaron el terreno —dijo Suho—. Así que nosotros, los *hoobae* [novatos], debemos hacer que el K-pop no pierda el puesto que se ha ganado en el mundo.»

En diciembre, EXO anunció que iba a llevar su gira EXO'luXion a Norteamérica. No era la primera vez que iba a cruzar el Pacífico (EXO-M había ido a la KCON de Los Ángeles en 2012 y, un año más tarde, todo el grupo causó sensación en el evento), pero sí la primera vez que iba a dar un concierto en solitario en el continente. Sin embargo, no era una apuesta arriesgada, ya que se sabía que había muchos EXO-L esperando para verlos. El grupo había alcanzado el número uno de la lista Billboard World Albums, batió el récord como álbum de K-pop más vendido en una semana en Estados Unidos e incluso había entrado en la lista *Hot 100* de Canadá con *Call Me Baby*.

La gira hizo cinco paradas en Norteamérica, elegidas por votación a través de la página MyMusicTaste, una promotora de conciertos. A pesar de la controversia sobre cómo se llevó a cabo, las ciudades elegidas fueron Nueva York, Chicago, Dallas, Los Ángeles y Vancouver. Sin embargo, Lay volvió a ausentarse, ya que estaba ocupado con actividades en solitario en China, y Kai se incorporó después porque tenía problemas con el visado, así que la gira empezó con solo siete miembros.

EXO tocó ante más de 40.000 personas en las cinco ciudades y vendió todas las entradas en Los Ángeles, Chicago y Nueva York (aunque la sala de conciertos estaba en realidad en Newark, Nueva Jersey, a media hora del centro de la Gran Manzana) y casi todas las localidades en Dallas y Vancouver. La lista de canciones de EXO'luXion se actualizó para incluir *Drop That* y terminaron los conciertos con un bis de *Sing For You* y *Unfair*. La mayoría de las personas del público había seguido al grupo durante años y, cuando Suho se dirigió a ellas en inglés, enloquecieron de la emoción. Además, para algunos, la gira pasó a llamarse «Un paso atrás», después de que el grupo repitiera esta consigna como un mantra en ciertos sitios para evitar que se formaran aglomeraciones en la parte delantera de los auditorios.

> EXO tocó ante más de 40.000 personas en las cinco ciudades y vendió todas las entradas en Los Ángeles, Chicago y Nueva York.

Está claro que los chicos se lo pasaron bien esos once días en Norteamérica. La mayoría subió fotos y vídeos en sus redes sociales y parecía estar disfrutando de los paseos e incluso de montar en transporte público sin ser reconocidos. Chanyeol dijo al respecto: «Ha sido muy divertido salir con Suho y Sehun y entrar en contacto con la cultura norteamericana».

La gira fue un torbellino, pero la reacción tan entusiasta de los seguidores de Estados Unidos y Canadá confirmó el crecimiento del K-pop en Norteamérica. Jeff Benjamin, estadounidense experto en K-pop, escribió al respecto en la página web Fuse.tv: «Incluso sin perder su identidad, promocionarse por el país o aprender el idioma... EXO está demostrando que la música asiática pisa fuerte en Estados Unidos».

Como la gira estaba llegando a su fin, EXO volvió a Asia para dar conciertos en Yakarta (Indonesia), Dalian (China) y Kuala Lumpur (Malasia), antes de los tres conciertos finales en casa, en el Olympic Gymnasium Arena de Seúl, a mediados de marzo. Después de cuarenta y cuatro conciertos en un total de veinticinco sitios diferentes repartidos por todo el mundo, regresaron a donde habían empezado casi un año antes. Lay volvió y, con él, ya eran nueve sobre el escenario, aunque el pobre Kai llevaba muletas y se pasó toda la actuación sentado, ya que se había hecho daño bailando.

Como era de esperar, el ambiente en los conciertos finales era festivo, sobre todo en el último, cuando aparecieron en el escenario con pijamas de animales adorables para jugar a un juego de baile aleatorio. Lay estaba dispuesto a hacer un baile para adultos y los demás se le echaron encima para pararlo. Cerraron la gira con *Promise* y, luego, Suho pronunció las últimas palabras: «Es el final de EXO'luXion [dot], pero no de la historia de EXO. Esta historia no es solo nuestra, sino de los fans, y seguirá creciendo gracias a vosotros».

Aun así, ¡todavía no habían acabado! Unos días después llegó EXO'luXion [Epilogue], una conferencia presentada por el director artístico de SM, Shim Jae-won, y el realizador audiovisual Kwon Soon-wook, donde contaron cómo se había hecho la gira. También revelaron detalles fascinantes sobre la planificación y explicaron cómo el equipo había conseguido reflejar de forma deliberada los «superpoderes» de los miembros; cómo, cuando a los chicos se les sugirió que se cambiaran en el escenario, Baekhyun dijo: «¡Oye! ¿Intentas hundirnos?», y cómo incorporaron a los EXO-L y sus varitas fluorescentes en el espectáculo. Una genialidad.

A principios abril, Kai, a quien se le había visto por última vez con muletas y llorando por el emotivo final de EXO'luXion, atrajo de nuevo la atención de los EXO-L. *Man Woo Jeol* (que se puede traducir como «una festividad muy ingenua») es el equivalente coreano del Día de los Inocentes y, como en el resto del mundo, es un día para gastar bromas. Por eso mismo, mucha gente creyó que la declaración que hizo SM sobre la relación de Kai con Krystal, del grupo «hermano» de EXO, f(x), era una de ellas.

Kai y Krystal habían sido amigos desde que eran *trainees* ocho años antes, pero hacía poco que se habían dado cuenta de lo que sentían el uno por el otro.

Se decía que habían estado esquiando juntos y que les gustaba ir a comer a restaurantes de primera clase. Como la gente sabía que eran amigos, no empezaron a difundirse rumores cuando se les vio juntos. Por suerte, la noticia no fue recibida con la misma hostilidad que sufrió la relación de Baekhyun y Taeyeon. ¿Se estaban relajando los EXO-L? ¿O que Kai borrara su cuenta de Instagram en 2015 y rara vez usara redes sociales le había ayudado a evitar los comentarios desagradables? Fuera cual fuera la razón, la pareja pudo continuar con su romance... ¡cuando sus agendas se lo permitían!

EXO'luXion [dot] Dance Relay in Animal Pajamas

¡Nunca hubieras pensado que un grupo de chicos con pijama causaría tal revuelo! Cuando se subieron al escenario disfrazados de animales en el último concierto de EXO'luXion en Seúl, en marzo de 2016, los EXO-L se volvieron locos. Relajados y contentos, los integrantes estaban muy graciosos, monísimos y sexis, y sus bromas demostraron lo bien que se llevaban. Por si tienes curiosidad: Suho iba de conejo; Sehun, de lobo; Kai era un oso (con un pie lesionado); Baekhyun, una ardilla voladora; Chanyeol, un tigre blanco; Lay, obviamente, una oveja; Xiumin, un gato; Chen, un dinosaurio; y D.O., un pingüino. ¡Ooohhh!

Cuando no estaban ocupados ensayando o grabando para su *comeback*, los miembros de EXO se dedicaban a actividades fuera del grupo. Los chicos tenían talento y estaban muy solicitados. En enero, Baekhyun grabó un dueto con Suzy, de Miss A, del que

Kai y Krystal habían sido amigos desde que eran *trainees* ocho años antes, pero hacía poco que se habían dado cuenta de lo que sentían el uno por el otro.

surgió una canción llamada *Dream*, con influencia del *jazz* tradicional. Lo publicaron con un vídeo sofisticado, alcanzó el número uno en las listas coreanas durante semanas y ganó un triplete en *Inkigayo*. D.O. se estrenó como actor en *Pure Love* (también conocida como *Unforgettable*), al igual que Suho en *Glory Day* (o *One Way Trip*). Chanyeol protagonizó e interpretó el tema principal de una comedia romántica (*So I Married an Anti-fan*), mientras que Kai apareció en *Choco Bank*, uno de los webdramas surcoreanos más famosos.

Chen también consiguió ser el número uno con un dueto, *Everytime*, de la banda sonora de la telenovela *Descendants of the Sun*, con la cantante Punch; Baekhyun empezó en el cine con *Seondal: The Man Who Sells the River*; Xiumin sacó un sencillo, *Call You Bae*, con la rapera Jimin del grupo de chicas AOA; y a Sehun le dieron un papel en su primera película, *Catman*. A todo esto hay que sumarle las reuniones con los seguidores, el aniversario del grupo y los cumpleaños, el trabajo de embajadores de marca (EXO estaba asociado con Lotte Duty Free, Nature Republic, Skechers y otros productos) y apariciones en televisión.

Love Me Right – Fantastic Duo

Fue algo diferente y divertido. En mayo de 2016, seis miembros acudieron a un programa de televisión llamado *Fantastic Duo*, donde los fans compiten para hacer un dueto con su famoso favorito. Una cantante llamada Jeolla Province Red Pants (vamos, «calzoncillos rojos de la provincia de Jeolla», literalmente) ganó la oportunidad de cantar con EXO. Aunque lo hizo bien, era imposible no mirar a los chicos. Al cantar con una banda en directo, estaban relajados, sonreían y disfrutaban sin robarle el protagonismo a la chica.

En China, Lay se estaba labrando un nombre como actor, compositor y cantante solista. Solía aparecer en el programa chino de variedades *Go Fighting!*, hizo su primer debut formal en la gran pantalla con *Oh My God* y apareció en la serie *To Be a Better Man* mientras *Monodrama*, en cuya letra colaboró, llegó a ser número uno durante cinco semanas en las listas chinas.

Los chicos de EXO también habían estado ocupados preparándose para el *comeback*. Su tercer álbum, *Ex'Act*, salió a la luz el 9 de junio con dos sencillos principales, *Monster* y *Lucky One*, aunque los seguidores ya estaban preparados para la doble sorpresa gracias al avance de las sesiones fotográficas. Las fotos de *Lucky One* (en las que el logo de EXO se había convertido en un trébol de cuatro hojas) casi desprendían luz y mostraban al grupo con ropa colorida, pero simple y cómoda. Los chicos tenían una mirada distraída, como si se acabaran de despertar. Destacaban mucho los bucles en un color rojo vivo de Chanyeol, los rizos rubios de Kai, las pecas de Baekhyun y el pelo rosa ceniza de Xiumin, mientras que D.O. y Sehun están espectaculares con gafas.

Por otro lado, las fotos de *Monster* eran todo lo contrario. Más oscuras y siniestras, como mostraba el logo hecho con huesos. Los integrantes llevaban ropa negra y posaban entre sombras, poniendo una mirada intensa y afligida. El tatuaje en la boca de Chanyeol, los labios voluminosos de Sehun y Lay y el pelo negro y mojado de Baekhyun marcaban las pautas de estas imágenes sensuales, llenas de maquillaje negro, cadenas y *piercings*.

Ex'Act, así como los vídeos de los dos sencillos, salió el 9 de junio de 2016. Lo increíble es que, para cuando se publicó, ya se habían reservado 666.000 copias. Estaban seguros de que llegaría al número uno e, incluso, prometieron subir un vídeo de Xiumin con cinco años bailando si ganaban un programa musical.

Lucky One, un tema con mucha fuerza, producido con fluidez, es una canción de electro-pop en la que cantan todos, muy vibrante y pegadiza. Tiene raps, armonías y coros que se mezclan fácilmente, y usa el sonido de una flauta sintetizada y un ritmo enérgico que trasmite la idea de que merece la pena sortear cualquier obstáculo para llegar hasta la persona que quieres.

En el vídeo, los miembros están en otro laberinto (esta vez, en un hospital) en contra de su voluntad. El efecto de esterilidad dis-

Ex'Act, así como los vídeos de los dos sencillos, salió el 9 de junio de 2016. Lo increíble es que, para cuando se publicó, ya se habían reservado 666.000 copias. tópica se enfatiza con las caras de los chicos, pálidas y brillantes, y su ropa, totalmente blanca. Hasta que no empiezan a experimentar con ellos, no recuperan sus superpoderes (cuando estaban hablando del vídeo en el programa *Music Bank*, Baekhyun bromeó diciendo que los habían perdido porque llevaban mucho tiempo sin usarlos) y consiguen escapar. A pesar del estilo futurista y de ciencia ficción, el vídeo está lleno de humor, sobre todo cuando Kai prefiere bailar en vez de usar sus superpoderes para teletransportarse, lo cual, evidentemente, hace que le explote la cabeza a la enfermera.

Monster, una canción sobre un amor absorbente y controlador, nos recuerda al estilo de *Mama* u *Overdose*, ya que mezcla música *dance* y hip-hop con un aire siniestro. Las voces son dramáticas y poderosas; Baekhyun y Chen llevan el peso de la canción haciendo que la letra pase a un plano superior y se distinga del ritmo insistente y electrónico hasta llegar al impresionante rap de Chanyeol y Sehun, que «rompe» la cadencia, y termina con un solo de Baekhyun. Es una canción típica de EXO que te eleva, te zarandea como una ola y, finalmente, vuelve a dejarte en el suelo poco a poco.

El vídeo de *Monster* sigue la estética de las fotos: van vestidos de negro con cadenas a juego, *piercings*, tienen cortes y magulladuras, son rebeldes que luchan contra un cuerpo policial represivo. Van perdiendo hasta que aparece el agente doble, Baekhyun, y los ayuda a escapar. Estas escenas tan emocionantes y estilosas se alternan con algunas de las coreografías más impresionantes del grupo vistas hasta la fecha, ideadas por los aclamados NappyTabs, quienes ya habían trabajado con Madonna, Christina Aguilera y BoA.

Si estaban nerviosos, la reacción de los admiradores de todo el mundo los calmaría rápidamente. Solo veinticuatro horas después de su estreno, el vídeo de la versión coreana de *Monster* había batido un récord con 4,5 millones de visualizaciones en YouTube

En la presentación del álbum, Suho reconoció que estaban preocupados por cómo sería la acogida del sencillo y el vídeo: «No es que no estuviéramos seguros, pero sí estábamos un pelín preocupados por *Monster*». Si estaban nerviosos, la reacción de los admiradores de todo el mundo los calmaría rápidamente. Solo veinticuatro horas después de su estreno, el vídeo de la versión coreana de *Monster* había batido un récord con 4,5 millones de visualizaciones en YouTube, mientras que la versión china había acumulado 1,5 millones de visualizaciones más. No cabía duda de que los chicos habían conseguido otro éxito masivo.

CHANYEOL

FICHA TÉCNICA

Nombre: Park Chan-yeol
Nombre artístico: Chanyeol
Fecha de nacimiento: 27 de noviembre de 1992
Lugar de nacimiento: Seúl, Corea del Sur
Nacionalidad: surcoreano
Estatura: 1,86 metros
Función dentro de EXO: rapero, vocalista
Subgrupo (s): EXO-K
Superpoder EXO: fuego

16

Chanyeol

Para los que no conocen mucho de EXO, es fácil identificar a Chanyeol entre el tumulto borroso de bailarines, ya que, desde que se marchó Kris, es el más alto del grupo. De hecho, todo en el rapero es grande: sus ojos, su enorme sonrisa que deja ver unos dientes blancos y perfectamente alineados (por lo que se ha ganado el sobrenombre de «la mejor dentadura de la nación» o el favorito de los seguidores: «Dientes bonitos» o «Dientes de rico») y hasta las orejas. Pero cuidado, al parecer, D.O. una vez se burló de él por eso ¡y Chanyeol estuvo un mes sin hablarle! Cuando la revista japonesa *Nonno* le preguntó sobre sus rasgos físicos, Chanyeol dijo: «[Me gusta] todo. Creo que los ojos y las orejas me hacen destacar».

También tiene una gran personalidad. Es el que se cae de la silla por un ataque de risa, el que más gesticula poniendo cara de susto y el que más se sorprende de todos. Esto hizo que lo llamaran «el rey de las reacciones» del grupo en su primera aparición en el programa de entretenimiento *Happy Camp*. A los fans les sigue gustando el apodo y, aunque el simple «Yeollie» suena más dulce, es más conocido como el autoimpuesto *Happy Virus* («virus de la felicidad») de EXO. Asegura que nunca se enfada, por muy difícil que se ponga la situación. Una vez dijo: «Siempre pensaré en positivo y sonreiré como un idiota». Y solo por eso lo quieren millones de personas.

Chanyeol y su hermana Park Yoo-ra, tres años mayor, crecieron en la capital de Corea del Sur, Seúl. Ella es presentadora en el canal coreano de noticias 24 horas YTN y ha apoyado desde el primer momento la carrera de *idol* de su hermano. Siempre

Chanyeol también tiene una gran personalidad. Es el que se cae de la silla por un ataque de risa, el que más gesticula poniendo cara de susto y el que más se sorprende de todos. Esto hizo que lo llamaran «el rey de las reacciones». presenta con regocijo las noticias relacionadas con el éxito de EXO. Chanyeol no se ha separado de sus padres. De hecho, ha ayudado a su madre a abrir un restaurante de pasta llamado «Viva Polo» (decorado con *merchandising* de EXO) y a su padre a abrir una cafetería-hamburguesería cuyo nombre se puede traducir como «haz del mundo un buen lugar» en la que puedes comprar las hamburguesas Chan y Yeol.

Chanyeol siempre fue un niño feliz por naturaleza y su carrera empezó gracias al amor que sentía por la música en el colegio. Ver la película *Escuela de rock* (*School of rock*) a una edad temprana le hizo querer aprender a tocar la batería y, ya en el instituto, formó un grupo con sus amigos llamado Heavy Noise. El rock siempre ha sido su género musical favorito y los grupos que más le gustaban eran Green Day, Nirvana y X-Japan. Cuando empezó a tocar con su banda, se dio cuenta de que disfrutaba del subidón de los aplausos del público cuando actuaba junto a los otros y le picó el gusanillo por cantar.

En bachillerato, el niño de cara redonda se convirtió en un joven alto y guapo. Sus padres lo matricularon en la escuela de arte dramático y, en 2008, participó en el concurso de televisión *Smart Model Contest*, donde presumió de su habilidad para tocar la guitarra, hacer *beatbox* y modelaje. Gracias a esto, se hizo con el segundo puesto. Tiempo después, un *streetcaster* de SM lo vio volviendo a casa del instituto y lo invitó a una audición.

En 2018, en una videollamada del programa *New Music* del canal Mnet, Tak Jaehoon, artista y amigo, le preguntó a Chanyeol si fue difícil entrar en SM Entertainment. El rapero de EXO, siempre dispuesto a responder con una ocurrencia, dijo: «No, ¡solo tienes que decirle al de seguridad que abra la puerta!». Sin embargo, cuando en 2008 empezó como *trainee* en SM, Chanyeol todavía estaba en el instituto y se sorprendió bastante al ver el revuelo que causó entre sus compañeros de clase. Confesó que esto lo abrumó por primera vez en su vida... pero ¡no por mucho tiempo!

A pesar de que pasó cuatro años como *trainee* antes de debutar, Chanyeol no se ha quejado nunca ni se ha arrepentido. Su gran amor por la música y sus ganas de aprender le han ayudado a superar los momentos difíciles trabajando con ahínco. Además, sus gustos musicales se han diversificado: le gustan el cantante y compositor Jason Mraz y la superestrella del rap Eminem y, gracias a otro grupo de SM, TVXQ, empezó a comprender y apreciar la música *idol* coreana.

Puede que comenzara su formación esperando convertirse en una estrella del rock, pero eso no iba a ocurrir en SM. Su buena apariencia física y su talento musical dejaban claro que iba a ser *idol*. Apareció en dos vídeos de Girls' Generation: en *Genie* salía frotando una lámpara mágica, mientras que en *Twinkle* (de TTS, el subgrupo de Girls' Generation) hacía de fotógrafo principal en un cameo más corto. Esto le bastó para llamar la atención de los más observadores.

También se centró en el rap, un estilo que le gustaba y para el que estaba preparado. Sin embargo, había algo que no se le daba tan bien: el baile. Trabajó mucho, pero, a medida que se acercaba el debut del grupo, temía convertirse en el «agujero negro» en la coreografía de *Mama*. Les dio las gracias a Kai y a Sehun por haberlo ayudado a alcanzar el nivel mínimo requerido para el debut y, desde entonces, ha seguido mejorando.

Chanyeol siempre había sido uno de los *trainees* más extrovertidos, pero se animó de verdad cuando Chen y Baekhyun, sus cómplices y pertenecientes a la *beagle line*, se unieron a SM en 2010. Kai destacó que la residencia se había vuelto ruidosa desde el primer momento en que Chanyeol y Baekhyun coincidieron. Si este se convirtió en el amigo con el que hacía trastadas, su otro amigo íntimo, D.O., es con quien compartía sus preocupaciones, sobre todo porque cogían el mismo metro para ir a casa y tenían mucho tiempo para hablar.

Chanyeol se convirtió en el miembro número doce y el último en ser presentado oficialmente por SM. El 23 de febrero de 2012, apareció en el avance número veinte donde lleva una gabardina larga, la raya a un lado y el flequillo le cae sobre el ojo derecho; está explorando un viejo granero. Parece tranquilo, reflexivo y serio, el tipo de chico que no hace ruido. Pero ¡nada más lejos de la

Chanyeol se convirtió en el miembro número doce y el último en ser presentado oficialmente por SM.

realidad! El vídeo se convirtió en uno de los más vistos, sobre todo por la canción de fondo, *El Dorado*, que le robó el corazón a los seguidores tanto como el chico de la gabardina con la gran sonrisa.

Chanyeol no tardó mucho en demostrar cómo era de verdad. Formaba parte de un grupo de chicos tímidos y nerviosos, así que la confianza en sí mismo y su euforia destacaban en las entrevistas y los programas de entretenimiento, lo que también captó la atención de los fans. A menudo es su cara de niño lo que le hace sobresalir, pero también ha sido carne de memes vergonzosos, sobre todo en la actuación de *Two Moons*, en el debut de EXO, en la que su primer verso, «*Ayyo waddup Kreese*», se convirtió en una broma entre los fans, y en *Wolf*, canción en la que suelta el memorable «*Chogiwa!*».

También se convirtió en el autoproclamado «Chico de los tres minutos y un segundo» porque en el vídeo de *Growl* no hay ni rastro de él hasta el minuto 3:01. En el programa de televisión *Happy Together* explicó que, cuando por fin aparecía, mucha gente pegaba un salto y se preguntaba quién era ese chico tan guapo. Entonces, el presentador le preguntó cuántas veces había visto el vídeo, a lo que respondió de forma totalmente sincera, como suele hacer: «Puede que unas cuatrocientas o quinientas veces, pero solo esa parte, ¡que es donde salgo!».

Con tal carisma y confianza en sí mismo, Chanyeol es un presentador nato y un invitado regular en los programas de variedades. Fue nombrado presentador oficial de EXO en el programa de telerrealidad *Showtime* y enseguida empezó a copresentar programas de entregas de premios y de música. En 2018, condujo el programa *Gayo Daechukje* junto con Dahyun, de TWICE, y Jin, de BTS. A los fans les encantó ver que se llevaba tan bien con un chico de un supuesto grupo rival. Ese mismo año, exploró California con Sunny, de Girls' Generation, en el programa de viajes *Salty Tour*. Estos y otros tantos *reality shows*, como *Law of the Jungle*, *Roommate* y *Master Key*, ayudaron a sus seguidores a conocer un poco más al *idol* y a descubrir que siempre es un buen acompañante, sea cual sea el programa.

Pero no hay que subestimar su contribución en la música y en las actuaciones de EXO. Como rapero, ha sido esencial en todas las canciones. Con los años ha mejorado la técnica, aunque siempre ha demostrado tener una versatilidad asombrosa y ha usado su voz áspera en todo su esplendor. Desde *Full Moon* y *Lightsaber* hasta *Lucky, Tempo* y, obviamente, *Promise*, ha demostrado que puede hacer raps dulces, sexis, rápidos y conmovedores. Con su voz grave de barítono, ha mejorado muchas canciones, como *Don't go, White Noise, Exodus* y *24/7*, por nombrar algunos ejemplos maravillosos. Chanyeol les da un punto extra a las actuaciones en directo, ya que estas serían impensables sin él y sin su habilidad para tocar la guitarra, la batería, ser DJ o simplemente interactuar con los admiradores.

Desde que en 2015 lazaron *Run*, Chanyeol ha ayudado a componer las letras de las canciones de EXO, entre las que se encuentran *Heaven, Ko Ko Bop* y *Love Shot*. También es muy bueno haciendo poesía y su manera de escribir es graciosa y divertida, pero, además, es capaz de mostrar un lado sensible, como en *Sweet Lies*, en la que se habla de su miedo a ser herido en una relación; *With You*, que se inspira en su relación con los seguidores, y la canción que solo tocan en directo, *Hand*, un tributo a sus compañeros de grupo.

Fuera de EXO, Chanyeol ha realizado varias colaboraciones de éxito y ha participado en temas de distintos cantantes. Entre estos, destaca su maravilloso rap en *Rewind*, de Zhou Mi, integrante de Super Junior M (el subgrupo chino de la banda), en 2014; en 2016, colaboró con Far East Movement, Tinashe y el DJ Marshmello para escribir y componer (además de cantar) *Freal Luv*; y el estimulante y alegre himno *We Young*, donde canta a dúo con Sehun (y los dos protagonizan un vídeo precioso).

«Virtuoso» es una palabra que se asocia a menudo con Chanyeol. Además de rapear y de escribir canciones, sabe tocar la guitarra, el bajo, la batería y el *djembe* (un tipo de tambor del oeste de África) y es buen deportista. De hecho, ganó la medalla de oro de bolos en el *Idol Star Athletics Championships* en 2018. También es muy creativo: según dicen, el logo hexagonal original de EXO

> Como rapero, ha sido esencial en todas las canciones. Con los años ha mejorado la técnica, aunque siempre ha demostrado tener una versatilidad asombrosa y ha usado su voz áspera en todo su esplendor.

se le ocurrió a él y, además, está haciendo un curso de posgrado de diseño de interiores en la Universidad de Inha. A su lista de logros también puede añadir la actuación, ya que en 2016 protagonizó la película *So I Married an Anti-fan* y apareció en *EXO Next Door* y en las telenovelas *Missing 9* y *Memorias de la Alhambra*.

La verdad es que no tiene que hacer mucho para que los fans lo adoren. Siempre se las apaña para tener buena apariencia en casi todos los *comebacks* y le queda bien el pelo de cualquier color, ya sea rojo, negro o plateado (a los admiradores les gustó mucho el cardado rosa de *Ko Ko Bop* y el despeinado de color marrón grisáceo de *Call Me Baby*). Por lo tanto, a nadie le sorprendió que retomara su carrera de modelo. Cuando fue al desfile de otoño de Tommy Hilfiger en 2017, en Londres, la revista *Vogue* dijo que atrajo todas las miradas en cuanto llegó (además, nadie ha lucido un conjunto de Tommy mejor que Chanyeol).

Chanyeol and Punch – 'Stay With Me'

Según la revista *Billboard* y YouTube, este era el tercer vídeo musical más visto en el mundo en diciembre de 2016. Originalmente formaba parte de la banda sonora del famoso K-drama *Goblin*, pero destaca por sí sola por ser una canción preciosa (tal y como atestiguan los ciento treinta millones de reproducciones). Aquí Chanyeol no solo muestra su habilidad para rapear, sino que hace gala de su voz, combinándola con el tono dulce de su compañera, Punch. En él aparece el Chanyeol serio, el que hace que te emociones sin sonrisas ni aspavientos... durante toda la canción.

Dejando a un lado sus *looks* de ensueño, los fans han encontrado otras muchas cosas que les gustan de su Yeollie. Es el más activo del grupo en Instagram: siempre está subiendo fotos divertidas y actualizando su perfil. De hecho, en diciembre de 2018, se convirtió en el famoso coreano con más seguidores en esta red social. Le gustan tanto los perros que incluso le abrió una cuenta a su cachorro Toben, que consiguió 72.000 seguidores en las primeras diez horas. Es muy amable con sus compañeros de grupo y, en 2017, le compró a cada uno un portátil *gamer* porque pensaba que sería buena idea para el trabajo en equipo jugar a *Player Unknown's Battlegrounds* juntos.

Por su parte, los admiradores de Chanyeol son los más entregados, ya que recaudaron 2.000 dólares para regalarle un Rolex y consiguieron que crearan un jardín en su nombre en el World Cup Park de Seúl. En 2017, la página web *Yeolmaefarm*, creada por fans, recaudó fondos para pagar las tasas y poner una demanda (con la aprobación de Chanyeol) contra quienes dejaban comentarios maliciosos en Internet, después de pasar años reuniendo pruebas. Este *fandom* superleal es el que se consigue cuando eres superdivertido, superguapo y supertalentoso.

> En 2017, Chanyeol le compró a cada uno un portátil *gamer* porque pensaba que sería buena idea para el trabajo en equipo jugar a *Player Unknown's Battlegrounds* juntos.

Y cada año, todos estos fans entregados están pendientes de su sofisticado disfraz de Halloween. Ha sido un Joker increíblemente sexi y, en 2017, ganó el concurso de Halloween de SM Town con un traje de Iron Man impresionante (confesó que se había gastado todo lo que tenía en el banco). Sin embargo, en 2018, no volvió para defender su título porque su disfraz no pasó la aduana a tiempo. Parecía que había sido un golpe duro para él, pero aprovechó la oportunidad y presumió de traje un mes después, en su cumpleaños, presentando un evento especial para los seguidores. Cuando apareció con un impresionante traje de Deadpool, todo el mundo estuvo de acuerdo en que habría ganado el concurso otra vez si hubiera llegado a tiempo.

Chanyeol es también uno de los pocos *idols* con un tatuaje. De hecho, tiene más de uno: un mono, dos guitarras en forma de medias lunas y «LOEY» («Yeol» al revés) en un dedo, pero el que despertó la locura de los fans fue un sello pequeño en la muñeca en el que pone «L-1485». En noviembre de 2018, explicó que la «L» es de «EXO-L» y que el número hace referencia al 5 de agosto de 2014, fecha en que se creó el primer club de fans del grupo. Terminó con una frase que les llegó al corazón: «Todos vosotros formaréis parte de mí hasta el día en que muera».

17

Los reyes del baile

Los admiradores internacionales de EXO querían tener cada vez más acceso a los miembros de la banda y, como no podían sintonizar la televisión coreana, sus oportunidades de ver al grupo a menudo se reducían a los videoclips y al contenido de YouTube. Sin embargo, en junio de 2016, coincidiendo con el lanzamiento de *Ex'Act*, EXO estrenó su propia serie en la aplicación V Live y en la plataforma de *streaming* china YinYueTai. *Exomentary* estaba compuesto por el concierto del *comeback*, quince episodios en los que se narraban historias personales y un último capítulo donde los componentes jugaban a los bolos.

Cada episodio duraba entre cuarenta y cinco minutos y más de una hora y se emitía en directo, lo que permitía conocer las personalidades de los integrantes más a fondo que nunca. Ellos mismos elegían los temas de sus capítulos. El primero, centrado en Sehun, se titulaba «Por favor, cuida de mi cachorro» y estaba protagonizado por Vivi, el precioso cachorro de bichón frisé del *maknae*. Fue un episodio cómico sin que estuviera previsto, ya que Vivi se negaba a hacer todo lo que le decían y la serie comenzó con muy buen pie gracias a él.

Pero hubo otros muchos momentos valiosos: Suho demostró su habilidad para la repostería; Chanyeol nos dejó entrar en su estudio, donde presumió de su colección de figuras de personajes de manga y tocó algunas canciones, entre las que había una que compuso basándose en comentarios de los EXO-L y que más adelante publicó en Instagram; D.O. nos enseñó algunas recetas caseras mientras nos hablaba con cariño de su madre; y Xiumin y Chen, bajo el nombre de «Los fantásticos hermanos Kim», se fueron a un karaoke, en el que Xiumin cantó la canción con la que pasó las audiciones de SM. Pero había otros episodios con encanto. «*Brunch* con Lay» se centraba menos en la comida y más en que escucháramos sus nuevos temas, mientras que la sesión de preguntas y respuestas de Kai, un tanto pesada, se hizo soportable por lo guapo que estaba de rubio y porque Suho apareció de repente después de llevar veinte minutos escondido en el armario.

«Por favor, cuida de mi cachorro», protagonizado por Vivi, el precioso cachorro de bichón frisé de Sehun, fue un episodio cómico sin que estuviera previsto, ya que Vivi se negaba a hacer todo lo que le decían.

Mientras los EXO-L devoraban el programa, el grupo estaba ocupado promocionando *Ex'Act* y sus dos sencillos gemelos. Como siempre, el álbum salió al mercado con una edición china y otra coreana y, en la portada, aparecía un nuevo logo, que utilizaba las letras del título y del nombre del grupo para formar un hexágono con una X en el centro. Ambas ediciones incluían un álbum de fotos, que podía contener las imágenes más oscuras de *Monster* o las fotografías más luminosas de *Lucky One*.

El disco era otro paso hacia delante para los EXO. Lo habían grabado juntos en el estudio y los temas desprendían un sonido más maduro. En las nueve canciones, contando los dos sencillos (cuyas versiones instrumentales también iban incluidas en este trabajo a modo de pistas adicionales), había pocos intentos de experimentar o de volver a la comodidad de temas con mucha posproducción. En su lugar, optaron por un estilo *house* electrónico en canciones como *Artificial Love*, que cuenta con partes geniales a dos voces entre Sehun y Chanyeol, y *White Noise*, en la que destacan los estribillos de Chen. El sonido *R&B*, más maduro, le da un toque fluido a *One and Only* y a *Cloud 9*, y el disco cierra con una balada potente, *Stronger*, que no solo está cantada de una forma preciosa, sino que, además, asombra por la claridad con la que D.O. pronuncia el inglés.

Dos canciones del álbum son reseñables más allá de lo musical. La letra conmovedora de *Heaven*, una mezcla más convencional de voces y rap, está escrita por Chanyeol, lo que supuso la primera gran contribución de un miembro del grupo a una de sus canciones. Otro tema, *They Never Know*, que combina el R&B y la electrónica (y es el favorito de muchos EXO-L), utilizaba la pista musical de *Deadroses*, del rapero estadounidense Blackbear, pero pronto se descubrió que también BTS la había utilizado en una de sus canciones. Pese a tratarse de una casualidad inocente, esto no hizo más que avivar la creciente rivalidad entre algunos EXO-L y algunos fans de BTS, conocidos como ARMY.

Ex'Act fue recibido con emoción y entusiasmo. Las ediciones coreana y china del disco entraron directas a los números uno y dos, respectivamente, de la lista de ventas de Corea del Sur. Las ventas anticipadas ya casi garantizaban que sería el tercer trabajo del grupo en vender un millón de copias, pero, además, a los tres días de su lanzamiento, *Ex'Act* se convirtió en el álbum con mayor ritmo de ventas de la historia de las listas de Corea del Sur (superando a *Sing for You*). No solo estaba arrasando en este país, sino que fue número uno en iTunes en Hong Kong, Indonesia, Malasia, Singapur, Taiwán, Tailandia y Vietnam, y alcanzó el top 10 en Filipinas, Japón, Rusia, Finlandia, Turquía, México, Dinamarca, Suecia y Canadá. En Estados Unidos, fue número quince en iTunes, pero alcanzó el segundo puesto en la Billboard World Albums Chart.

Sorprendentemente, *Monster* se colocó un puesto por encima y se convirtió en el primer número uno del grupo en la Billboard World Digital Song Sales Chart. Además, cosechó nueve victorias en distintos programas musicales de televisión, entre ellos un triplete en *M Countdown* y otro en *Music Bank* (*Show! Music Core* no concedió premios entre noviembre de 2015 y abril de 2017). ¿Y recuerdas la promesa de lanzar un vídeo de Xiumin bailando cuando tenía cinco años si *Monster* ganaba algún premio? La cumplieron. El 20 de junio, Xiumin publicó el vídeo en el foro oficial de fans de la banda y la comunidad EXO-L se quedó embobada al ver a ese niño mofletudo disfrazado de pingüino seguir con seguridad aquella coreografía de preescolar. ¡Desde luego, había nacido para bailar!

> A los tres días de su lanzamiento, *Ex'Act* se convirtió en el álbum con mayor ritmo de ventas de la historia de las listas de Corea del Sur.

Entre el 22 y el 30 de junio, EXO volvió a los escenarios en el Olympic Park Gymnastics Arena de Seúl, uno de los estadios más grandes de Corea del Sur, con un aforo de 14.000 personas.

Agotaron las entradas durante seis noches seguidas, el mayor número de actuaciones consecutivas de un solo grupo o artista en la historia del estadio. Este nuevo concierto se llamó EXOPlanet#3: The EXO'rDIUM. La palabra «*exordium*» (en español, «exordio») significa «comienzo» y, tal y como explicó Suho en la presentación de *Ex'Act*, con este álbum arrancaba una nueva etapa más madura para el grupo.

> **Comeback stage – 'Monster' on Show! Music Core**
> Un plan ejecutado a la perfección. ¡Así se coordina el concierto de un *comeback*! Todos están guapísimos (sobre todo Chanyeol de pelirrojo y Kai de rubio), llevan un maquillaje exagerado y muy efectivo, las voces en directo de Chen y Baekhyun son arrolladoras, la coreografía es perfecta, Suho incluso hace un *dab* doble (¡no pasa nada, era 2016!) y los EXO-L dan ejemplo de cómo deben cantar los admiradores de una banda. Es probablemente la mejor actuación de EXO en un concurso musical.

Aquellos que habían estado en EXO'luXion [Epilogue] ya sabían el cuidado que pone en los conciertos Shim Jae-won, director artístico de SM, decidido a que EXO'rDIUM fuese más espectacular y mejor que cualquier concierto previo de EXO, acercando aún más los fans al grupo y a la puesta en escena. Estos, fieles hasta la médula, se habían comprado las nuevas varitas de luz con tecnología Beatlight, y Jae-won podía controlar la intensidad y el color de la luz de todos ellos en base al asiento en que se encontraran para diseñar efectos a gran escala. En el escenario había enormes pantallas de LED, pirotecnia, focos láser y de luz estroboscópica, una cortina de lluvia y pantallas en el suelo, a los laterales del escenario. La escenografía resaltaba tanto el talento individual de los miembros como también el del grupo en su conjunto mientras les daba la oportunidad de mostrar el vínculo cada vez más fuerte que les unía a los EXO-L.

El repertorio de canciones de EXO'rDIUM duró tres horas y media, en las que el grupo interpretó más de treinta y cinco temas. Comenzaba con un vídeo dramático que continuaba la historia de los superhéroes, que aparecían utilizando sus poderes en la Tierra para ayudar a la humanidad. Después, se presentaba uno a uno a los miembros de EXO, quienes salían vestidos con una túnica. Como en los conciertos anteriores de Lost Planet, las canciones se dividían en varios bloques, con descansos entre ellos en los que se ponían vídeos mientras los integrantes se cambiaban de vestuario.

Monster contribuyó al subidón de adrenalina en el bloque de apertura, en el que Baekhyun hizo gala de unos abdominales cincelados y desató la histeria del público. Aunque después bajaron un poco el ritmo, *Artificial Love* fue uno de los temas favoritos de los seguidores al hacer los componentes un seductor baile apoyados en un bastón. Cuando la estructura musical empezaba a recordar a la de conciertos previos, los integrantes sorprendieron a todo el mundo sentándose en fila en el escenario. Lay y Chanyeol se situaron en los extremos, guitarra en mano, y el grupo empezó a interpretar un popurrí en acústico que incluía *Monodrama*, de Lay, y una versión de *Call Me Baby* con los coros del público.

Pero el concierto aún no había terminado. Tras el éxito del enfoque festivo y divertido de EXO'luXion, volvieron a disfrazarse de elfos, esta vez con zapatos puntiagudos, blusas anchas de colores y sombreros ridículos de medio metro de altura en forma de cono para realizar unos números todavía más divertidos. Tocaron canciones de ritmo más rápido, hipnotizando a la multitud en *Lightsaber* al bailar en una oscuridad total, iluminados solamente por las varitas fluorescentes. Chanyeol, Sehun y Xiumin guiaron al público para que coreasen las palabras «*gatchi gatchi hae*» («hacedlo juntos, juntos»), lo que sirvió de transición para *Full Moon*, *Drop That* y *Let Out the Beast*. Fue una fiesta en toda regla, en la que Chanyeol repitió el papel de DJ, como en EXO'luXion.

Da igual por dónde pasaran con su gira EXO'rDIUM, las críticas siempre destacaban la facilidad con la que EXO conectaba con sus seguidores. Pasaban, en un solo segundo, de derrochar profesionalidad y concentración a tenderles la mano a los fans, señalando pancartas o hablando con el público. En la web de K-pop Moonrok, Hannah Waitt escribió: «EXO tiene una habilidad única para hacer que sus conciertos parezcan, al mismo tiempo, espectaculares e increíblemente íntimos».

La única decepción fue que Kai se volvió a lesionar. Tras dos actuaciones, el tobillo le dio problemas de nuevo y no pudo participar en la mayoría de los bloques restantes del concierto. Baekhyun hizo lo posible por consolarlo en el escenario, haciendo el chiste de que no pasaba nada porque EXO tenía tantos componentes que apenas se notaba cuando faltaba uno.

En definitiva, todo iba bastante bien: un álbum en el número uno, entradas agotadas en conciertos de aforo multitudinario, premios en televisión... Pero SM tenía preparada otra sorpresa: el 18 de agosto de 2016, lanzaron un nuevo sencillo, *Lotto*. La canción, que comparaba encontrar a la amante perfecta con que te toque la lotería, se alejaba todavía más del sonido habitual de la banda, con toques de *trap* y hip-hop y abusando deliberadamente del *autotune*. Si eso no te acababa de convencer, había muchas posibilidades de que lo hiciera su estribillo pegadizo, con sus «La, la, la, la» y sus «Oh, oh, oh».

El videoclip de *Lotto* comparte cierta oscuridad con el de *Monster*, con poca luz, ropa negra y marcas de cortes y moratones. Habla del mundo de las apuestas y tiene también un tono sórdido y decadente, con fajos de billetes, una pelea de gallos, un coche rápido, una mesa de dados y una chica en peligro. Los miembros de EXO interpretan bien sus papeles de malotes derrochadores, vestidos con camisas y chaquetas muy formales y elegantes, entre las que destacan especialmente las camisas de seda que llevan en las partes en las que bailan. Eso sí, ¡el pelo rosa de Suho también llama la atención! La coreografía, con unos movimientos de Sehun bastante inolvidables, sigue la misma línea y, si bien los pasos tienen menos importancia, los movimientos extravagantes de manos los compensan con creces.

Tras el éxito de sus últimos sencillos, hubo a quien *Lotto* le pareció un poco decepcionante. Pero, sin duda, no a todo el mundo: fue número dos en Corea y superó a *Monster* en *Billboard*, alcanzando el primer puesto de la lista internacional de canciones en digital más vendidas. Ahora bien, hubo algunos contratiempos en la promoción. Kai seguía lesionado, así que tuvieron que actuar en televisión sin él, y algunos canales no les permitían utilizar la palabra

Lotto, ya que era también el nombre de una marca en Corea. Por eso, en algunos programas llamaron a la canción *Louder* y tuvieron que cambiar la letra. No obstante, al margen de estos problemas, lograron su primera victoria en *M Countdown* y llegaron a recoger siete premios más.

Al mismo tiempo, se publicó una reedición del disco titulada *Lotto*, que incluía el nuevo sencillo, un remix de *Monster* y otros dos grandes temas nuevos. *Can't Bring Me Down* es una canción marca de la casa pero con un toque oscuro, unas armonías increíbles y una letra provocadora que habla del triunfo de la esperanza sobre la desesperación. Por otro lado, *She's Dreaming* no solo está cantada con unas voces preciosas y una melodía de lujo, sino que además está compuesta por Chen, y su emotiva letra habla de dos amantes que solo pueden verse en sueños. Tanto la edición coreana como la china, por supuesto, encabezaron las listas de ventas y, a finales de mes, el álbum y su reedición habían vendido ya más de un millón de copias. Era el tercer trabajo consecutivo de EXO en lograr tal proeza.

Tras su victoria en *M Countdown* con *Lotto*, compartieron escenario en los bises con la banda *rookie* NCT Dream, también de SM. Comparados con sus *sunbaes*, a estos debutantes adolescentes se les veía tímidos y nerviosos, lo que puso aún más de manifiesto lo lejos que habían llegado los EXO. No había pasado tanto tiempo desde que ellos también dieran la impresión de estar incómodos en el escenario, pero aquí ya se mostraban relajados, disfrutando el momento, jugando con el público y divirtiéndose juntos.

Esto quedó especialmente claro en su siguiente aventura, una colaboración con Yoo Jaesuk, el presentador del programa de variedades *Infinite Challenge*. Yoo Jae-suk, que ahora ya pasa de los cuarenta, se había convertido en una de las personalidades televisivas más populares de Corea gracias a programas como *X-Man* y *Running Man* y, de hecho, a menudo se le conoce como «el maestro de ceremonias del país». El 17 de septiembre, Jae-suk apareció en el programa como parte de EXO, cantando y bailando una canción alegre con ritmos de samba llamada *Dancing King*. Se lanzó como sencillo a través de SM Station, junto con un vídeo con imágenes de los ensayos de Jae-suk para unirse a EXO en el escenario del concierto de EXO'rDIUM en Bangkok.

La canción era divertida y pegadiza, y todos los beneficios se destinaron a causas benéficas, por lo que a nadie le sorprendió que encabezase las listas de descargas en Corea y China. También cimentó el estatus de EXO no solo como grandes cantantes y bailarines, sino también como buenas personas que se habían ganado el corazón de la audiencia más allá de los seguidores del K-pop.

D.O.

FICHA TÉCNICA

Nombre: Do Kyung-soo
Nombre artístico: D.O.
Fecha de nacimiento: 12 de enero de 1993
Lugar de nacimiento: Goyang, Corea del Sur
Nacionalidad: surcoreano
Estatura: 1,72 metros
Función dentro de EXO: vocalista
Subgrupo(s): EXO-K
Superpoder EXO: fuerza

18

D.O.

*L*os fans coreanos de EXO tienen un apodo especial para D.O. Lo llaman *Almokyung*, una versión abreviada de la frase «*Alda moleul Kyung-soo*», que puede traducirse como «Cuanto más sabes de Kyung-soo, ¡menos lo conoces!». Es una caja de sorpresas: un cantante tímido que, de repente, se convierte en el centro de atención; un chico prudente que en cualquier momento puede ponerse a hacer el tonto; un entrevistado serio que, en ocasiones, es capaz de hacer reír a carcajadas a todo el mundo con una respuesta corta. En definitiva, D.O. es así: *Almokyung*.

SM Entertainment le puso el nombre de «D.O.» basándose en su nombre de familia (Do), y, aunque es el que se usa en los comunicados oficiales, es más común que se le llame por su nombre real, Kyung-soo. En una entrevista que dieron los miembros poco después del debut de EXO, confesó que le estaba costando acostumbrarse a que le llamaran D.O., ya que en coreano es más difícil de pronunciar que su verdadero nombre. Chanyeol coincidió con él y explicó que todos sus compañeros lo llamaban Kyung-soo.

En 2010, tras participar en un concurso de canto local, SM Entertainment le pidió que hiciera una audición. Se sabe que en esta prueba cantó *Anticipation* de Na Yoon-kwon y *My Story* de Brown Eyed Soul, y esto le valió para ganarse un contrato de formación. Aun así, en su instituto de Goyang, una ciudad situada en los alrededores de Seúl, Kyung-soo mantuvo en secreto la noticia.

Aun así, para sus amigos, no era ningún secreto que Kyung-soo tenía una gran voz. Se pasó los años de instituto cantando y dejó claro que su sueño era dedicarse a la música. Además de talento, tenía una familia que le apoyaba: su padre artista, su madre peluquera y su hermano Do Seung-soo, tres años más que él.

Aunque Kyung-soo estaba dando los primeros pasos para cumplir su sueño, no hay duda de que, con diecisiete años y siendo tan tímido, sus comienzos en la industria debieron resultarle duros y tuvo que ser un alivio para él descubrir que a su amigo del instituto, Im Hyun-sik, que debutó con BtoB en marzo de 2012, también lo habían fichado en SM. Luhan, para el que este período de formación en Seúl tuvo que ser aún más duro al ser chino, llegó a la compañía el mismo día que Kyung-soo y ambos entablaron amistad de inmediato. Kyung-soo también conoció a Chanyeol, que viajaba en la misma dirección de vuelta a casa, por lo que tuvieron mucho tiempo de entenderse bien.

> Para sus amigos, no era ningún secreto que Kyung-soo tenía una gran voz. Se pasó los años de instituto cantando y dejó claro que su sueño era dedicarse a la música. Además de talento, tenía una familia que le apoyaba.

En cambio, algunos de sus otros compañeros de banda no aceptaron a Kyung-soo con tanta rapidez. No veía bien, pero las lentillas le parecían demasiado incómodas y llevar gafas no era una opción para una estrella en ciernes por aquel entonces. Por lo tanto, se quedaba mirando fijamente a la gente, una costumbre que, combinada con lo callado que era, hizo que a muchos les intimidase y prefiriesen mantener las distancias con él.

Chanyeol ha contado alguna vez que, hasta cuando fueron a hacerse las fotos para el debut de EXO, Kai evitaba a Kyung-soo y se negaba a comer con un compañero al que consideraba hostil. Kai lo reconoce, pero matiza que dos días más tarde comenzó a coger confianza con el chico de la mirada penetrante. Cuando los integrantes empezaron a vivir juntos, Kyungsoo compartía habitación con Kai y ambos son mejores amigos desde entonces. Hay fotos de sobra que documentan su estrecha amistad, fomentando miles de tuits por parte de los admiradores, a quienes les encanta verlos juntos.

Kyung-soo no tardó en ganarse al resto del grupo. Dicen que es mucho más hablador cuando están ellos solos, pero hay más razones por las que les gusta contar con él. Para empezar, es el miembro más ordenado: el que no solo tiene siempre la ropa y las cosas en su sitio, sino que también coloca lo de los demás cuando el desorden le resulta insoportable. Además, es un gran cocinero. Muchos de sus compañeros han alabado su especialidad, los espaguetis *kimchi*, en distintas entrevistas mientras que el mánager de EXO, Lee Seung-hwan, asegura que su *takoyaki*, una receta japonesa de bolitas de pulpo rebozadas, es el mejor que ha probado. «No solo me gusta cocinar, también me gusta comer —contó Kyung-soo en la revista *ViVi*—. Se me da bien encontrar sitios buenos para comer. Por eso siempre soy el [miembro] que elige restaurante cuando salimos.» El 30 de enero de 2012, tuvo lugar la presentación formal de Kyung-soo como octavo miembro de EXO Planet y, ese mismo día, este apareció en el sencillo predebut de EXO-K, *What Is Love*. Aunque no causó un gran impacto por su aspecto, como Lay y Chanyeol, la voz del cantante moreno de la chaqueta plateada llamó verdaderamente la atención. Es más, cuando la banda debutó, ya había enamorado a muchos con su mirada inocente y, cuando cometió el famoso error de decir lo de la «orquesta superior» en el programa *Inkigayo*, miles de personas quisieron conocer mejor a este hombre tan guapo.

D.O. ha dicho varias veces que no le gusta que digan que es mono, así que muchos seguidores lo describen como «blandito» en su lugar. Usan este adjetivo cuando hablan de cómo utilizó el típico saludo coreano «¿Has comido?» como frase para ligar en un programa de televisión japonés, de la vez que tuvo que bailar *Monster* él solo tras la segunda victoria de EXO en *Music Bank* o de cuando promocionó la marca de helados Baskin-Robbins con una frase que, viniendo de él, no sorprendió tanto: «¡En cuanto me lo meto en la boca, se derrite!».

Pero D.O. tiene también una faceta que los *exotics* antes llamaban «*Satansoo*», un término en desuso porque muchos fans no lo aprueban. Este hace referencia a sus graciosísimas caras de aburrimiento y a su capacidad para ser bastante salvaje, lanzar miradas de las que matan (aunque suelen deberse al astigmatismo y no a una maldad real), responder a una broma con una frase cortante o hacer un comentario que deje callado a otro miembro del grupo demasiado efusivo.

Kyung-soo es el miembro más ordenado: el que no solo tiene siempre la ropa y las cosas en su sitio, sino que también coloca lo de los demás cuando el desorden le resulta insoportable.

Pero no se puede hablar de D.O. sin mencionar su voz. Su tonalidad cálida y acaramelada es uno de los aspectos favoritos de EXO para muchos seguidores y él sabe controlarla en una gran variedad de estilos y emocionar con ella en cualquier actuación. *What is Love, Miracles in December, Open Arms,* prácticamente cualquier tema del EP de *Universe, Smile on My face* y *Wait* son solo algunos ejemplos de lo cómodo que se encuentra cantando baladas o *R&B.*

A pesar de ser uno de los vocalistas principales, D.O. ha tenido menos oportunidades que el resto de hacer música fuera de EXO. Esto se debe, casi con certeza, a sus compromisos como actor, pero aun así ha grabado algunas pistas muy destacables. La mejor es *Tell Me (What is Love),* que SM Station publicó en 2016. D.O. la cantó en directo en la gira Lost Planet, pero también la grabó con el compositor Yoo Young-jin, veterano de SM. Se trata de un dúo evocador de ritmo lento y sonido ambiental que saca lo mejor de la voz de D.O. Alcanzó el número doce de la lista Gaon de Corea y el número dos en la Billboard World Digital Song Sales Chart.

D.O. también ha cantado en dos exitosas bandas sonoras: *Scream* (para su primera película, *Cart*) y *Don't Worry* (un dúo para *My Annoying Brother* con su compañero de reparto, Jo Jung-suk). Ambas tenían una producción preciosa y partes muy conmovedoras.

Hace tiempo que los EXO-L reconocen el talento de D.O. para cantar en otros idiomas aparte del coreano. Puede que no entienda lo que está cantando, pero es un maestro de la pronunciación. Su acento en inglés es, con diferencia, el más claro entre los de todos los miembros; su precisión con el chino y el japonés ha recibido muchos elogios y su español en *Sabor a mí* es impecable.

> **EXO D.O. ft. Chanyeol – Boyfriend (Live)**
> Los más de 20.000 seguidores que fueron al Love Concert de EXO en el estadio Gocheok Sky Dome en octubre de 2015 se quedaron mudos ante este increíble dúo «Chansoo». La preciosa versión de *Boyfriend*, el éxito de Justin Bieber, acompañada por la guitarra acústica de Chanyeol, demostró lo que muchos EXO-L ya sabían: que Kyung-soo sabe cantar en inglés como un nativo y, al mismo tiempo, darle un toque exquisito a la canción. Si esto te deja con ganas de más actuaciones suyas en inglés, puedes buscar la versión en directo que hizo de *DJ Got Us Falling in Love Again* de Usher en el concierto de SM Town en Yakarta.

Ya sea por reticencia natural o por transmitir la imagen de que está por encima de esas cosas, Kyung-soo nunca ha sido muy dado a acercarse al público en los conciertos. Odia el *aegyo* (hacerse el adorable) y no tiene cuentas personales de Instagram ni de Twitter. Esto no le impide ser el *bias* de miles de EXO-L, que lo encuentran irresistible. Sus ojos grandes y sus labios, que tienen por naturaleza forma de corazón, hasta cuando no sonríe, se encargan de ello.

Fieles a su personalidad, el maquillaje y los peinados de D.O. suelen ser discretos. Por lo general, se ciñe al negro y, a veces, al castaño (el castaño claro de *Call Me Baby* es uno de los *looks* de D.O. con más admiradores), aunque, por poco tiempo, durante la reedición de *XOXO* como *Growl* lució unos rizos de color rojo fuego. A los seguidores les encantaría volverlo a ver de pelirrojo, pero la mayoría ansía verlo de rubio. Hay muchos fotomontajes de él con el pelo rubio y casi todo el mundo está de acuerdo en que le quedaría fabuloso.

Sin embargo, D.O. cada vez lleva el pelo más corto. En diciembre de 2016, exhibió su corte más minimalista hasta el momento, con mucha frente y muy poco flequillo, por lo que se ganó el apodo de «*Chestnut*» («castaña» en inglés). Un año después, fue un paso más allá y se rapó casi al cero toda la cabeza. A algunos fans les costó hacerse a la idea, pero a otros les encantó desde el principio. Cuando en la foto de su postal para *Universe*, el álbum especial de invierno de EXO en 2017, solo se le veían la cabeza rapada, la frente y los ojos, los EXO-L decidieron divertirse con el hashtag #KyungsooPcChallenge, en el que publicaban fotos de ellos mismos con la frente y los ojos de D.O. pegados encima de los suyos.

A estas alturas era obvio que no eran los estilistas quienes influían en las elecciones capilares de D.O., sino sus papeles como actor. Irónicamente, a pesar de que solo quería ser cantante, es el integrante de EXO con la carrera interpretativa de mayor éxito. Muchos de sus fans más entregados no lo conocieron gracias a EXO, sino a la gran pantalla, mientras que los EXO-L, sabiendo lo introvertido que es, se sorprendieron al ver todas las emociones que expresa como actor.

En 2014, Kyung-soo hizo su debut como actor en la película *Cart*, por la que lo nominaron a mejor actor de reparto en la 52.ª edición de los Grand Bell, el equivalente coreano a los Óscar. Ese mismo año protagonizó la telenovela *It's Okay, That's Love*, por la que ganó el galardón al mejor actor revelación en los premios APAN Star. Muchos *idols* que reciben oportunidades interpretativas acaban siendo objeto de burla por los críticos. En cambio, desde el principio quedó claro que Kyung-soo tenía talento. Una encuesta del programa *Entertainment Weekly* reveló que los expertos lo consideraban el mejor de los cuarenta cantantes que habían aparecido en K-dramas en 2014.

Compaginar una carrera como actor con ser parte de un grupo de masas como EXO requiere gran dedicación, pero D.O. siempre ha puesto mucho empeño en ambas facetas y ha llegado a volar directo desde un rodaje para unirse a EXO en un concierto. Después de demostrar su potencial en 2014, en los años siguientes afianzó su reputación como actor serio. Se hizo con el galardón al actor más popular en los premios Baeksang Arts (descritos a menudo como «los Globos de Oro de Corea») en 2016 y en 2017 por sus papeles en *Pure Love* y *My Annoying Brother*, respectivamente. La segunda película, en la que Kyung-soo interpretaba a un joven yudoca que pierde la vista y se reúne con su hermano después de mucho tiempo, fue todo un éxito de taquilla y con ella se ganó varios elogios. *Los Angeles Times* señaló que él y su compañero de reparto, Cho Jung-seok, mostraban «una química fraternal muy auténtica».

Tras estas, llegaron más películas, como *Room No. 7*, un *thriller* cómico en el que da vida a un trabajador a tiempo parcial de una tienda de DVD que tiene un tatuaje en el cuello que dice en latín: «Quien intenta agradar a todo el mundo trabaja en vano». Luego, grabó *Along with the Gods: The Two Worlds*, parte de una saga de fantasía basada en un popular cómic digital, en la que tuvo un papel secundario como soldado deprimido. La segunda parte, *Along with the Gods: The Last 49 Days*, se convirtió en la película más taquillera de 2018 en Corea del Sur y a Kyung-soo le han prometido un papel importante en futuras secuelas.

Volvió a interpretar a un soldado (de ahí el rapado) en la gran pantalla en 2018 con *Swing Kids*, un musical ambientado en un campo de prisioneros de guerra durante la Guerra de Corea. El personaje exigía que Kyung-soo supiera bailar claqué, para lo que estuvo practicando durante cinco meses, en los que llevaba los zapatos de claqué hasta cuando no estaba ensayando. Mientras tanto, en televisión, los fans alababan su interpretación de un miembro de la realeza en la telenovela histórica *100 Days My Prince*. Emitido a finales de 2018, fue todo un éxito y se convirtió en la cuarta serie mejor calificada de la historia de la televisión por cable de Corea.

En la actualidad, Kyung-soo protagoniza series de televisión muy importantes y consigue papeles cada vez más relevantes en producciones cinematográficas. Que es el mejor actor del grupo es una opinión generalizada, pero D.O. es, ante todo, parte de EXO. Ha puesto de manifiesto en numerosas ocasiones su compromiso con el grupo y, tal y como demuestran su voz, sus pasos y su aspecto en *Tempo* y *Love Shot*, su contribución al grupo es inmensa.

19

Reservoir idols

$\mathcal{E}$n el K-pop, el concepto de subgrupo está muy arraigado. Pertenecer a una banda de varios miembros, que se rige por unos horarios estrictamente controlados por su agencia, puede coartar las aspiraciones individuales y tener que repartir la letra entre los miembros limita la contribución que cada uno podría aportar a cada canción. Lo bonito de un subgrupo, que puede crearse para una sola canción o continuar existiendo de forma paralela a la banda principal, es que permite que pequeñas agrupaciones de miembros puedan explorar otros horizontes musicales sin tener que abandonar el grupo y sin entrar en conflicto con la compañía.

Tras unirse EXO-K y EXO-M, el grupo contaba con tantos miembros que, tarde o temprano, se esperaba que surgiese un subgrupo nuevo. En *Miracle in December* aparecieron D.O., Baekhyun y Chen (a todos juntos se les conocía como la línea *Gyeonggi-do*, ya que todos provenían de esta provincia que circunda Seúl) y muchos creyeron que iban a formar un grupo independiente. Si los fans hubieran podido elegir un subgrupo, habrían escogido a lo que cariñosamente llaman la *beagle line*. Los seguidores del K-pop adoran a los artistas *beagle* que, como los perros de esta raza, son enérgicos, traviesos, escandalosos y adorables. La mayoría de los grupos cuentan con un *beagle*, pero EXO tuvo la suerte de reunir a tres, todos del año 1992, a los que se les suele ver haciendo el tonto: Chanyeol, Chen y Baekhyun.

Otro trío posible surgió durante los conciertos de la gira EXO'rDIUM en Seúl. Uno de los cortometrajes que se proyectaron durante el espectáculo se titulaba *Reservoir Idols* (un guiño a *Reservoir dogs*, la película de Quentin Tarantino) y, como ponía en los créditos de apertura, estaba protagonizado por «Chen, Baek y Xi». Es un vídeo cómico en el que interpretan el papel de tres jóvenes un poco rebeldes a los que sigue Suho, que hace de repartidor de folletos, barrendero, vigilante de seguridad y vendedor de yogures. Es un par de minutos desternillantes y absurdos que culmina (¡*cuidado, spoiler*!) con el descubrimiento de que la chica en la que se fijan resulta ser Baekhyun vestido de mujer, ¡y no fueron pocos los que destacaron lo guapo que estaba de chica!

Aunque *Reservoir Idols* es un corto pensado para proyectarse durante el descanso de un concierto, es básicamente el videoclip de una marchosa canción de *funky* rap cargada de *autotune* titulada *The One*, cantada por Chen, Baekhyun y Xiumin. El mismo trío participó de nuevo en octubre de 2016 en *For You*, de la banda sonora original de la telenovela coreana *Moon Lovers: Scarlet Heart Ryeo*. Alcanzó el puesto número cinco en las listas coreanas y corrió el rumor de que formarían un subgrupo dentro de EXO. Por suerte, los EXO-L no tuvieron que esperar demasiado para la gran revelación.

El 21 de octubre, SM lanzó un avance en el que Chen, Baekhyun y Xiumin, vestidos como presentadores de telediario con pinta de empollones y, por algún motivo, llenos de salpicaduras de pintura, anunciaban el nombre del subgrupo y su primer lanzamiento. O esa era su intención, porque Xiumin se lo impedía constantemente y al final no nos enteramos de nada, pero, sin duda, ¡algo se estaba cociendo!

Dos días más tarde, EXO-CBX, tal y como se les conocería (un acrónimo de «Chen, Baek y Xi», por si no te habías dado cuenta), se dieron a conocer en el Busan One Asia Festival. Conjuntados con camisas rosas y con trajes grises de tres piezas, cantaron *For You* para el deleite de los EXO-L presentes. Pasada una semana, el 31 de octubre, dieron a conocer lo que ellos llamaron su «*hot debut stage*» y presentaron su sencillo *Hey Mama!*

A aquellos que esperaban que estos tres pájaros cantores entonasen una balada quizá les pilló por sorpresa escuchar una canción disco muy parecida a *Lucky One*.

> El 21 de octubre, SM lanzó un avance en el que Chen, Baekhyun y Xiumin, vestidos como presentadores de telediario con pinta de empollones y, por algún motivo, llenos de salpicaduras de pintura, anunciaban el nombre del subgrupo y su primer lanzamiento.

Sobre unos acordes rasgados de guitarra y un ritmo efervescente propulsado por palmadas y gritos de ovación, el trío entrelazó sus voces con alegría e incluso Xiumin se atrevió y bordó un rap desenfadado. El vídeo, con un ambiente setentero marcado por brillantes colores pastel, aborda el tema de la canción «romper con la rutina», mientras los chicos encabezan una divertida revolución «rosa», (¡de ahí que los presentadores de telediario estuvieran manchados de pintura!). El diseño al completo funciona a las mil maravillas y los chicos (Xiumin con el pelo verde y Baekhyun, rojo) están estupendos, ya sea con trajes de rayas, uniformes militares o conjuntos de fiesta.

Hey Mama! se lanzó como EP junto a otras cuatro canciones marchosas que desprendían un inconfundible toque noventero y estaban repletas de ritmos marcados, de potentes líneas de bajo y melodías llenas de sentimiento. Acompañando al sencillo venían: *The One*, la canción *funky* que sonaba de fondo en el vídeo *Reservoir Idols*; *Rhythm After Summer*, un maravilloso tema de música electrónica; *Juliet*, la más relajante de todas con su deslumbrante sonido de orquesta; y *Cherish*, una canción de pop retro sencilla pero divertida. El EP, claro está, se posicionó como el número uno en Corea y también en el Billboard World Albums Chart; en Japón y China se colocó entre los veinte primeros. A eso se le llama entrar por la puerta grande y los EXO-L estaban deseosos por escuchar más de estos tres titanes.

Sin embargo, no eran los únicos que acaparaban la atención de los medios fuera del grupo. Para el cumpleaños de Lay, el 7 de octubre, su club de fans de China colocó once carteles led enormes en Times Square, en Nueva York, para felicitarle y desearle suerte con su próximo álbum en solitario. No obstante, a ellos también les pilló por sorpresa que Lay les correspondiese con otro regalo: un estreno anticipado tanto de *What U Need?*, la canción que da nombre al álbum, como de su videoclip.

Y no es que los chicos se hayan dado a la buena vida. De hecho, en noviembre, Lay se desmayó en el aeropuerto de puro cansancio mientras OT9 se preparaba para salir de Japón y continuar con la gira EXO'rDIUM. Tras descansar, se reincorporó e insistió en actuar junto al resto del grupo un par de días después. Tras el paso de EXO por Seúl y con Kai ya recuperado de la lesión en el pie, los fans del grupo pudieron disfrutar al máximo de la experiencia OT9 por todo el sudeste asiático. Aunque la banda ya había actuado siete días en Japón, se dirigió de nuevo a las afueras del país para tocar tres noches en Nagoya y dos en cada uno de los gigantescos estadios de Tokio y Osaka.

Para cuando llegaron a Tokio a finales de noviembre, ya habían incluido en su repertorio una bulliciosa canción nueva. El tema *Coming Over* fue su primer número original en japonés (aunque contiene casi el mismo número de versos en inglés que en japonés). Gracias a su insistente melodía de guitarra, a su intenso ritmo y a los enérgicos y revolucionarios instrumentos de viento metal que dotan a la canción de un marcado estilo disco, *Coming Over* se convirtió de inmediato en la favorita del público.

Se presentó a principios de diciembre como la canción principal de un EP que contenía otras dos canciones en japonés. Ninguna de ellas era de relleno: tanto *Taktix*, con ese «*tika-tika-tika*» que no te puedes sacar de la cabeza y el «*rata-ta-ta*» del estribillo, como *Run This*, otra canción maravillosa para bailar, resultaron ser dos joyas. El EP alcanzó el número dos en la Japanese Oricon Chart y siguió los pasos de *Love Me Right* al vender más de 100.000 copias la primera semana.

En ese momento, EXO ya se había consagrado como el grupo de K-pop más famoso de Japón. Fueron los primeros artistas coreanos en aparecer en la prestigiosa revista de moda japonesa *ViVi* donde, cada mes, a partir de mayo de 2016, se fotografió y entrevistó a un miembro distinto. Y, por si hicieran falta más pruebas, el club de fans japonés EXOJapan hizo una encuesta para ver cuál era el miembro más popular y recibió casi 12.000 votos (Chanyeol quedó el primero, seguido de Baekhyun).

Conforme se acercaban los MMA y los MAMA, surgió entre los seguidores la pregunta de si EXO podría ganar, en ambas ceremonias, cuatro *daesangs* en años sucesivos. ¡Claro que sí! El grupo recogió cinco galardones en los Melon, uno de ellos el *daesang* a mejor artista, y en MAMA se llevaron tres a casa, entre ellos el *daesang* al mejor álbum del año por cuarta vez consecutiva. El logro fue mayúsculo si tenemos en cuenta que otros grupos más jóvenes como BTS, Twice y Seventeen también estaban nominados. Lay hizo mención a esto en su discurso de agradecimiento cuando dijo: «En China hay un dicho que dice que en el río Yangtsé las olas de atrás desplazarán a las de delante. Espero que EXO demuestre que no es verdad y permanezca para siempre en la cumbre de la montaña más alta».

> **'Transformer' and 'Monster' at MAMA 2016**
> A menudo parece que EXO reserva sus mejores actuaciones para los MAMA y 2016 no fue la excepción. Con dos canciones, separadas por un enérgico baile, enseñaron a todo el mundo por qué se les consideraba uno de los mejores espectáculos en directo del mundo. La coreografía, cargada de dramatismo y tensión, te deja boquiabierto y, a pesar de todo el esfuerzo que realizan los chicos, sus voces no flaquean. Ni siquiera el momento en que Chen tiene que atarse la chaqueta a la cintura para taparse el roto de los pantalones (¡menudo *crack*!) desluce el espectáculo.

En los últimos años, además de traer la nieve, el titular de las luces y los regalos, cada Navidad viene acompañada de un lanzamiento de EXO dedicado a las fiestas. En diciembre de 2016 llegó *For Life*, una balada que puede que no sea tan festiva como *Miracle at Christmas* (salvo la mención de Lay a un árbol de Navidad y regalos), pero que, sin embargo, resulta poderosamente conmovedora. Es un trabajo en equipo; con tan solo un acompañamiento sobrio de piano y cuerda, Suho, Chanyeol y Kai generan una atmósfera cálida y acogedora mientras D.O., Chen y Baekhyun se encargan de que la canción despegue.

En ese momento, EXO ya se había consagrado como el grupo de K-pop más famoso de Japón. Fueron los primeros artistas coreanos en aparecer en la prestigiosa revista de moda japonesa *ViVi* donde, cada mes, a partir de mayo de 2016, se fotografió y entrevistó a un miembro distinto.

El videoclip que complementa la canción cuenta con un diseño y una fotografía exquisitos. En él, aparecen Suho, Kai y Chanyeol interpretando una historia de amor relacionada con un brazalete que se intercambian cada uno de ellos con la actriz japonesa Nanami Sakuraba. ¿Representa la actriz a los EXO-L y al vínculo perpetuo que los une con los miembros del grupo? No queda claro, pero seguramente ese fue el mensaje que muchos fans decidieron extraer del vídeo.

La canción se lanzó en un EP en versión coreana y china junto a otras cuatro que no deberían ser pasadas por alto. *Falling for You* es una de ellas. Es una canción desenfadada con un ritmo medio que destaca gracias al magnífico «ooh ahh, ooh ah» inicial de Chanyeol y al rap en inglés «*yeah, girl, come on*» de Sehun que, o bien te produce muchísima vergüenza ajena, o bien te parece adorable (depende sobre todo de cómo te caiga el *maknae*). Kai despliega todo su potencial en la mezcla de *R&B* y hip-hop en *Twenty Four*. El baile lento de *What I Want for Christmas* va dedicado a los EXO-L, ya que celebran cinco Navidades junto a los chicos. La deliciosa *Winter Heat*, que cuenta con un espléndido sonido de sintetizador y cuerda en la parte instrumental, distribuye la letra de forma equitativa entre los cantantes y por eso es la favorita del EP de muchos fans.

> El videoclip de *For Life* cuenta con un diseño y una fotografía exquisitos. En él, aparecen Suho, Kai y Chanyeol interpretando una historia de amor relacionada con un brazalete que se intercambian cada uno de ellos con la actriz japonesa Nanami Sakuraba.

'White Noise' – EXO'rDIUM

Si les hubieras preguntado a los EXO-L que asistieron a la gira EXO'rDIUM cuál era su canción favorita del repertorio, bastantes habrían escogido *White Noise*. Muchos cuentan que no les gustaba demasiado hasta que la escucharon en directo. La canción abría la sección lenta y en YouTube hay muchas opciones para verla (quizás incluso des con una que se centre en tu *bias*) y bastantes también incluyen los temas que van después: *Thunder*, *Playboy* y *Artificial Love*, donde las coreografías son cada vez más picantes.

Para aquellos fans más pendientes, había un último regalo navideño, pero tendrían que esperar hasta el mismo día de Navidad para recibirlo. En noviembre, EXO-CBX lanzó una versión de *Crush U*, el tema original del videojuego de artes marciales *Blade & Soul*. Era una canción de música electrónica de esas que trasmiten un «me vuelves loco». Sin embargo, el sutil toque sombrío que tiene la melodía la convierte en algo más que un vídeo promocional de usar y tirar. En el videoclip, que se lanzó el 25 de diciembre, vemos a los chicos especialmente elegantes vestidos con trajes negros con ribetes blancos, peinados con la raya al medio y el pelo con colores más apagados (el de Xiumin es de un agradable caoba y Baekhyun vuelve al negro). Incluso hace aparición un gato precioso y peludo que los lleva hasta el interior de una iglesia en ruinas; allí, con su aire angelical, parecen chicos del coro.

EXO había tenido que enfrentarse a adversidades con anterioridad; en cambio, el 2016 supuso un año inmejorable. *Ex'Act*, su tercer álbum, vendió millones de copias al igual que los dos anteriores y las ventas totales de álbumes vendidos ese año superaron los dos millones. Ganaron cinco *daesangs* y dieciocho programas musicales. *Monster* consiguió la puntuación más alta del año en *M Countdown*, *Music Bank* e *Inkigayo*. A su vez, EXO-CBX era el subgrupo más famoso del país mientras que, individualmente, los miembros también triunfaban: el sencillo *Monodrama* de Lay batió el récord al permanecer durante cinco semanas seguidas en el puesto número uno en YinYueTai V-Chart (el equivalente chino a YouTube); el dueto de Baekhyun con Suzy fue número uno en ventas en Corea; *Choco Bank*, protagonizado por Kai, fue el webdrama más visto de 2016 y *Hyung*, la película donde actuó D.O., lideró el *ranking* de recaudación en taquilla.

En enero de 2017, las ceremonias de entrega de premios más prestigiosas reconocieron el buen año de EXO y confirmaron que el grupo de K-pop estaba en su mejor momento. En los Golden Disc Awards fueron los primeros artistas en ganar el *daesang* al álbum del año durante cuatro años consecutivos y, días después, repitieron la hazaña en la 26.ª ceremonia de los Seoul Music

Awards. En este evento, Baekhyun resumió a la perfección, en su discurso de agradecimiento, cómo se encontraba el grupo en ese momento al decir: «Prometimos que os haríamos felices en 2016 y lo hemos cumplido, ¿verdad? Nos estamos preparando para dar lo mejor de nosotros, para haceros reír, llorar, para haceros felices y que os sintáis orgullosos de EXO en 2017».

KAI

FICHA TÉCNICA

Nombre: Kim Jong-in
Nombre artístico: Kai
Fecha de nacimiento: 14 de enero de 1994
Lugar de nacimiento: Suncheon, Corea del Sur
Nacionalidad: surcoreano
Estatura: 1,82 metros
Función dentro de EXO: bailarín, rapero, vocalista
Subgrupo(s): EXO-K
Superpoder EXO: teletransporte

20

Kai

$\mathcal{E}$s uno de los grandes misterios de EXO: ¿cómo un chico tan serio e introvertido puede volverse tan sexi y carismático cuando pisa el escenario? Así es Kai: el señor Dualidad de EXO. Los fans incluso utilizan sus dos nombres, el artístico y el real, para hacer distinción entre el Kai bailarín y sensual y el pensativo y callado Jong-in; otros incluso introducen a un tercer «personaje» llamado Nini (abreviatura de Jongininie), ese lado encantador y achuchable de Kai que, a veces, deja ver cuando no está en el escenario.

Kai es la máquina de baile de EXO, capaz de dominar el escenario con una gracia y una fuerza arrolladoras. De hecho, se encuentra entre los cinco mejores bailarines de K-pop y suele colocarse el primero en las encuestas hechas por los seguidores. Actuó frente a un público internacional en los Juegos Olímpicos de Invierno de 2018 y ha dejado embelesado al público con algunos de sus increíbles solos de baile en los espectáculos de EXO. No deja de sorprendernos. En septiembre de ese año publicó en Instagram algunos pasos de baile alucinantes para *Roll in Peace* mientras que, en enero de 2019, en el *reality show* de EXO, *Travel the World on EXO's Ladder*, se aprendió la complicada coreografía de *Bad Boy* de Red Velvet en tan solo cinco minutos.

Kim Jong-in lleva el baile en la sangre. Tanto él como sus dos hermanas mayores se criaron en Suncheon, en la provincia de Jeolla, en la costa sur de Corea del Sur. Durante la niñez de Kai, sus padres se inclinaban por apuntarlo a clases de taekwondo y piano, pero el pequeño tenía otros planes. Quería bailar. Cuando rondaba los nueve años, asistía a clases de danza *jazz*, pero un día fue a ver el famoso *Cascanueces* y, al salir, decidió que quería ser bailarín de ballet.

Kai es la máquina de baile de EXO, capaz de dominar el escenario con una gracia y una fuerza arrolladoras. De hecho, se encuentra entre los cinco mejores bailarines de K-pop y suele colocarse el primero en las encuestas hechas por los seguidores.

Su padre apoyó las ambiciones de su hijo con todas sus fuerzas y envió vídeos de Kai bailando a varias agencias de entretenimiento. El día en que finalizaban los conciertos de la gira ElyXiON [dot] en Seúl, poco después de la muerte de su padre, Kai rindió homenaje al papel que habían desempeñado sus padres al haber alentado su interés por la danza. «Gracias a mis padres aprendí a disfrutar del baile, pude apreciar lo que significa ser feliz y he podido cantar y bailar aquí, delante de todos vosotros. Ha sido gracias a ellos —dijo antes de alzar la vista hacia el cielo y proclamar—: Papá, te quiero.» La familia de Jong-in se mudó a Seúl justo a tiempo para que él pudiera asistir a un instituto orientado a las artes escénicas. Por aquel entonces, el *idol* en potencia descubrió el pop. Le encantaba el grupo de *idols* Shinhwa y decidió que quería ser cantante. A pesar de su timidez, se presentó al SM Youth Best Contest de 2007 porque su padre le prometió comprarle una consola de Nintendo; Jong-in ganó el Popularity Award y SM lo fichó como *trainee*. Tan solo tenía trece años.

El mejor amigo de Jong-in dentro de la agencia era otro chico de trece años (aunque seis meses más mayor que él) que se llamaba Tae-min. Los dos adolescentes estaban dispuestos a no quedarse atrás y ensayaban juntos. Sin embargo, Kai confesó que, al empezar en SM, se quedó tan impresionado por la forma de bailar de Tae-min que simplemente se propuso aprender de él. En un año, Taemin, con entonces catorce años, estaba debutando como el *maknae* de SHINee. Jong-in, en cambio, tuvo que esperar bastante más.

Si quieres ver cómo era en aquella época, échale un vistazo a su breve pero tierna aparición en el vídeo *Ha Ha Song* de TVXQ que se grabó en 2008. Fue más o menos en este momento cuando entró en contacto con el hip-hop y comenzó a aprender *street dance* y danza contemporánea, así como a rapear. Kai se ganaría la fama de ser el más aplicado del grupo, ya que dedicaba muchas horas al día a ensayar e, incluso, subía a la azotea de la compañía para bailar al aire libre.

Cuando EXO se formó en 2011, Jong-in ya conocía a muchos de sus miembros desde hacía dos o tres años. Había entablado una buena amistad con Lay, ya que solían ensayar juntos, y conocía a Suho desde sus inicios. También se llevaba bien con Sehun, el único miembro más pequeño que él con quien formaría la *maknae line* de EXO y, por su puesto, entabló una relación especial con D.O., su antiguo compañero de habitación y mejor amigo dentro de la banda. El nuevo nombre de Jong-in, Kai, significa «extrovertido» en mandarín (quizás en un principio pensaban destinarlo a EXO-M). Tardó algún tiempo en hacerse al nombre y, en ocasiones, ignoraba sin querer a todos los que se dirigían a él como «Kai».

El 23 de diciembre de 2011, Kai fue el primer integrante de EXO que se dio a conocer al público. Se subieron sus fotos de perfil y se lanzó el primer avance. En él se veía a Kai bailando grácilmente sobre un gran charco de agua, bajo la luz de los focos, en el decorado de una calle al anochecer. El chico de diecisiete años de piel bronceada, mata de pelo negro sedoso y cuerpo rebosante de poesía causó sensación; los fans casi se creían que de verdad tenía el poder de teletransportarse que SM le había asignado. A finales de año, Kai ya había salido en tres de los cuatro avances y evidentemente era el «rostro» de EXO, al menos, por el momento.

Hizo su primera actuación televisiva bailando como uno más junto a Eunhyuk y Taemin, los entonces experimentados artistas de SM, en el especial de fin de año *Gayo Daejeon* el 29 de diciembre de 2011. Incluso llegó a figurar en casi la mitad de los veintitrés avances del debut de EXO. Sus modelitos y su arte para bailar le hicieron ganar un montón de fans, pero algunos otros, que querían ver más de sus *biases*, le cogieron manía al notar que era el niño mimado de SM.

> El 23 de diciembre de 2011, Kai fue el primer integrante de EXO que se dio a conocer al público.

Aunque en sus primeras entrevistas no era la alegría de la huerta, Kai se ganó a muchos de sus detractores. El resto de los miembros contó que se dejaba la piel tanto trabajando en sus propios pasos de baile como repasando a conciencia las coreografías con todos ellos. Sin duda alguna, tenía un don para el baile y se le consideró lo suficientemente bueno para actuar con la élite de

SM en SM The Performance en el *Gayo Daejeon* de 2012 y para unirse al supergrupo de baile de SM Younique Unit, que lanzó un sencillo titulado *Maxstep* en octubre de 2012.

Cuando EXO empezó a cantar en conciertos en directo o en ceremonias de entrega de premios, los solos de baile de Kai se convirtieron en la atracción principal más esperada. Desde la coreografía del «hombre poseído» (que él mismo ayudó a crear) de *Deep Breath* en el espectáculo de los MAMA 2014 a su fabuloso y expresivo solo en *Monster*, pasando por la actuación apasionante de *Baby Don't Cry* sobre una piscina de agua en EXO'luXion, siempre ha demostrado aplomo, poderío y una seguridad absoluta al enfrentarse a distintas modalidades de baile. Los fans le cambiaron el apodo de «el rey del baile» por el de «el dios del baile».

Hizo honor a su sobrenombre bailando en solitario durante la ceremonia de clausura de los Juegos Olímpicos de Invierno de 2018, en Pieonchang. Vestido con un *handbok*, prenda tradicional coreana, combinó pasos de baile modernos con una danza folclórica coreana en una actuación impecable y electrizante que maravilló a miles de personas de todo el mundo. Y es que Kai es muy concienzudo: poco después del evento, el coreógrafo responsable del baile, Shim Jaewon, subió un vídeo a Instagram en el que se veía al artista, dos semanas antes, subido al escenario en un concierto de EXO en Taipéi repasando los pasos de baile para los Juegos Olímpicos de Invierno.

La presión a la que Kai somete el cuerpo al entregarse con tanta dedicación al baile ha acabado por pasarle factura. Ha sufrido bastantes lesiones y cabe destacar que tuvo que ser operado de la cintura en 2015 (lo contó Lay por primera vez durante una entrevista en 2018). Apareció en muletas y en silla de ruedas en algunas de las fechas de la gira EXO'rDIUM porque se había hecho daño en un ligamento del tobillo. Su empeño por no separarse del grupo a pesar de no encontrarse bien demostró su compromiso con EXO y los fans.

> **I See You – Kai (solo) – 2017 MAMA in Hong Kong**
> El virtuoso solo de Kai en la ceremonia de los Mnet Asian Music Awards en diciembre de 2017 se vio un poco empañado por culpa de la controversia que surgió por los galardones y del supuesto trato injusto que recibieron los EXO-L que asistieron. A pesar de todo, Kai se subió al escenario vestido con un traje y una cadena de plata sobre el torso desnudo. Pasó sin problemas de la danza contemporánea al hip-hop y al ballet en una actuación magistral rebosante de energía, emoción y elegancia.

En un principio, a Kai se le nombró parte de la línea de rapeo de EXO, pero incluso sus mayores fans reconocieron que ni siquiera se encuentra entre los dos mejores raperos del grupo. Sin embargo, su forma de cantar ha mejorado con creces y, aunque no tiene la misma técnica que algunos de sus compañeros, su característica voz melosa, a veces incluso ronca, se ha ganado el amor de muchos fans. Tan solo ha cantado en solitario *Beautiful Touch* en el Love Concert de 2015 y *I See You* durante la gira ElyXiOn [dot] de 2017, pero lo bien que lo hace en sus partes de *Tempo* y *Love Shot* le auguran un futuro muy prometedor.

Y tampoco está de brazos cruzados precisamente. Gracias a su aspecto, a Kai le llueven las propuestas para hacer de modelo (para su cumpleaños en 2017, publicó una foto adorable de pequeño en la que salía posando). En una encuesta realizada en 2018 por la aplicación coreana Idol Champ, Kai se situó con facilidad como el más fotogénico entre los *idols* y su bonita cara ha adornado la portada de muchas revistas a lo largo de los años. Quizá la más reseñable fue la del número de diciembre de 2017 de la revista coreana *The Big Issue* por la que Kai no cobró nada. La revista la venden tanto personas sin hogar como aquellas en riesgo de perderlo, esto les permite ganar un pequeño salario para, con suerte, poder encontrar una vivienda y un empleo. Este número se agotó en dos días y fue el más vendido de la revista hasta la fecha.

Gracias a su aspecto, a Kai le llueven las propuestas para hacer de modelo. La elegancia y la soltura de Kai, sumadas a su particular forma de vestir ropa sofisticada pero informal, lo han convertido en una apuesta segura para las agencias de moda. Calvin Klein, Levi Strauss y Balmain son algunas de las marcas afortunadas para las que ha desfilado y, en mayo de 2018, asistió al evento de moda de Gucci en Arlés, Francia. Muchos periódicos aseguraron que eclipsó al resto de modelos cuando desfiló con un traje a cuadros, mocasines y una diadema de cristales.

Además, ha estado ocupado trabajando como actor, utilizando también «Kai» como nombre artístico. Hizo su debut oficial en 2016 con una buena interpretación en un exitoso webdrama de comedia romántica titulado *Choco Bank*. En 2017, aprovechó la oportunidad de protagonizar *Andante*, una serie de televisión sobre el proceso de la madurez y, en 2018, protagonizó la miniserie de televisión japonesa *Spring Has Come*, en la que interpretaba a un fotógrafo coreano. Aunque no es normal que las series japonesas contraten a actores extranjeros, la actuación de Kai recibió bastantes elogios. Muchos se percataron de lo rápido que Kai mejoraba como actor, lo que se vio reflejado en su nominación a mejor actor joven en los KBS Drama Awards por su papel como mensajero celestial en la serie de televisión coreana *Miracle That We Met*.

Como es lógico, en ningún momento deja de ser Jong-in; ese que, según sus fans, es como un osito de peluche. A medida que esta teoría loca de los admiradores se fue extendiendo, el propio Jong-in la hizo suya. Él mismo se llama «oso», apareció en el escenario, a pesar de su lesión, disfrazado de este animal durante la gira de EXO'rDIUM [dot], tiene una colección gigantesca de ositos de peluche y se viste con ropa llena de ositos que, además, está diseñada por Gucci. Sus fans se proclaman *erigoms* (los EXO-L son *eris* y *gom* significa «oso» en coreano) e, incluso, hay a la venta un juguete, el Nini-Bear, que lleva a Kai en su camiseta.

Los fans se mueren de ganas de saber más de Jong-in. El 5 de junio de 2018, se abrió una cuenta de Instagram y, al final de aquel mismo día, ya acumulaba más de un millón de seguidores. Con el paso de los años, han ido descubriendo que es un lector voraz, que tiene tres perros adorables (Monggu, el caniche, y Jjanggu y Jjangah, dos caniches enanos) y que lo rompe y lo pierde todo. Esto último incluso dio origen al apodo «Manos mágicas» que le puso Taemin.

A pesar de sus apretadas agendas, Jong-in y Taemin han mantenido su amistad y se apoyan el uno al otro: Kai rapeó en el sencillo *Pretty Boy* de su amigo en 2014; Taemin estuvo animando a Kai en el MAMA de 2017 mientras este hacía su solo de baile y, en ese año, ambos fueron juntos a *Happy Together*, la única ocasión en la que Kai ha ido a un espectáculo de variedades sin otros miembros de EXO. Los dos también han hecho piña con otros de sus amigos *idols*, entre ellos, Jimin de BTS, Ha Sung-woon de Wanna One, Timoteo de HOTSHOT y Ravi de VIXX. El grupo de *idols* hasta diseñó un logo que representa su amistad y todos lo llevan en abrigos a juego.

El 1 de abril de 2016, SM confirmó los rumores de que Kai estaba saliendo con Krystal de f(x). Ambos pertenecían al grupo de artistas del año 1994 de SM y habían sido *trainees* a la vez. Los seguidores de ambos sabían que eran amigos y muchos ya los habían estado emparejando, quizá por eso recibieron la bendición del mismo *fandom* que se había ensañado con otras parejas de *idols*. Aunque las críticas de los admiradores no son la única amenaza a la que deben enfrentarse las parejas de *idols*. Unos horarios de trabajo tan absorbentes acaban por pasar factura en las relaciones y, en mayo de 2017, se confirmó que Kai y Krystal habían decidido dejarlo.

Dispatch, el medio de comunicación coreano, para celebrar la entrada de año revela cuáles son las nuevas parejas de famosos. En enero de 2019, Kai y Jennie, del grupo femenino BLACKPINK de YG Entertainment, fueron la «pareja afortunada». SM confirmó que «se habían cogido cariño» e Internet se volvió loco. Era un buen pelotazo que artistas de dos de los grupos más exitosos de K-pop del mundo estuvieran saliendo juntos. Los seguidores rastrearon las publicaciones antiguas de sus redes sociales en busca de indicios que delatasen cuánto tiempo llevaban saliendo y se dieron cuenta de que la señal más evidente había pasado desapercibida ante sus ojos. Allá por octubre de 2018, tanto Kai como Jennie estuvieron en París durante los mismos días; ambos habían subido fotos a Instagram de ellos mismos posando frente a la Torre Eiffel y Jennie, incluso, había comentado: «He disfrutado de una cena muy romántica con vistas a la Torre Eiffel». ¿Cómo es que nadie se había dado cuenta?

En enero de 2019, Kai y Jennie, del grupo femenino BLACKPINK de YG Entertainment, fueron la «pareja afortunada». SM confirmó que «se habían cogido cariño» e Internet se volvió loco.

Los admiradores de Kai parecían encantados con la noticia, pero la alegría les duró poco. A finales de enero de 2019, SM e YG anunciaron que la pareja había roto. Como era de esperar, los posibles motivos de la ruptura se debatieron hasta la saciedad en Internet. Aun así, muchos admitieron que Kai tenía derecho a mantener su vida privada en secreto. Al final han terminado por querer a ambos: a Kai, el *idol* guapísimo que te cautiva con cada uno de sus movimientos, y a Jong-in, el chico callado y sensible que vive la vida alejado de su personaje artístico.

21

En pleno apogeo

El 8 de abril de 2017 era una fecha importante para EXO y los seguidores de todo el mundo porque habían pasado cinco años desde su debut. El grupo, a excepción de Lay, se encontraba en Macao (China) y se preparaba para los YinYueTai V-Chart Awards. Pero, cuando el reloj marcó la medianoche, se reunieron en la habitación de Chanyeol y Sehun para conmemorar el aniversario con una retransmisión a través de V Live.

Festejaron el día del debut con ovaciones y con una canción y un baile de celebración y no tardaron en intercambiar recuerdos de los madrugones, de cómo corrían y cantaban a la vez, de que casi se quedaban afónicos y de lo nerviosos que se ponían. ¡Cómo cambia la historia en cinco años! Estaban muy a gusto los unos en compañía de los otros, felices por poder reírse de sí mismos. Juntos vieron el avance recién estrenado de *Take You Home*, de Baekhyun. Hablaron de lo mucho que les gustaría seguir juntos durante diez, quince o incluso cincuenta años. Leyeron algunos de los mensajes recibidos y agradecieron a los EXO-L su amor y su apoyo.

Los mensajes señalaban que *Mama* había vuelto a entrar en el Top 100 de YouTube. Los fans celebraron la ocasión con una reproducción organizada y masiva del sencillo del debut, entre otras cosas. Hubo una ola de amor por el grupo en todo el mundo. Decoraron las calles de Nueva York, Dubái y Seúl con vídeos y pancartas; varios clubs de fans internacionales contribuyeron, a través de Twitter, en el vídeo profesional *Spread Love With EXO* («Difunde el amor con EXO»); los seguidores armenios organizaron un *flash-mob* y los chinos decoraron autobuses públicos con caricaturas de los componentes en forma de elfos y animales.

Los EXO hablaron de lo mucho que les gustaría seguir juntos durante diez, quince o incluso cincuenta años. Leyeron algunos de los mensajes recibidos y agradecieron a los EXO-L su amor y su apoyo.

Sus clubs de fans organizan con frecuencia actos benéficos para celebrar los cumpleaños de los componentes del grupo, pero muchos también aprovechan esta oportunidad para ayudar a otros en nombre de EXO. Destacan los seguidores marroquíes que organizaron una donación masiva de sangre, los EXO-L de los Emiratos Árabes Unidos que crearon un proyecto benéfico de pozos de agua llamado For Life y los fans de la India que donaron 58.000 rupias a una organización benéfica dedicada a la educación. Claro que estas fueron solo algunas de las actividades que se realizaron por todo el mundo, desde China hasta Canadá.

En febrero, EXO retomó la gira EXO'rDIUM sin el ajetreado Lay. Actuaron dos noches en Filipinas, uno de sus lugares favoritos (sobre todo para Chanyeol, puesto que allí había estudiado inglés durante el instituto). En sus dos noches en el Smart Araneta Coliseum de Ciudad Quezón, los fans locales no dudaron del amor del grupo por Filipinas. Los chicos incluso recordaban la canción filipina *Hawak Kamay*, que aprendieron durante su primer viaje, cinco años atrás. A cambio, los fans hicieron un ruido increíble al zapatear sobre los tableros de madera y cantar tan bien que Suho preguntó si había una academia de K-pop en Manila.

Drop That + Keep On Dancing + Lucky + Run – EXO'rDIUM in Tokyo

Cuando el concierto de EXO'rDIUM en Tokio llegó a su punto culminante, los chicos encontraron, de alguna manera, la energía necesaria para llevar a cabo una asombrosa mezcla de potentes números de baile. Sin embargo, no fue una parte estrictamente coreografiada, sino una oportunidad para el grupo de relajarse y disfrutar. Rodado en alta definición y repleto de primeros planos de los componentes, este vídeo logra reflejar a la perfección el ambiente de adrenalina y emoción que conlleva un espectáculo en directo.

La gira hizo escala en Hong Kong y Singapur antes de dirigirse a la etapa final: otro viaje a las Américas. Un año atrás podían caminar por las calles de Estados Unidos sin ser reconocidos, pero las fotos que se publicaron (en las que disfrutaban de su tiempo libre en Nueva York) evidenciaban lo mucho que había aumentado su popularidad. Los seguidores publicaron fotos de los miembros en Times Square, en una galería de arte y en su visita al musical *Chicago*.

EXO'rDIUM atrajo a 6.000 fans al Prudential Center de Newark (Nueva Jersey), un estadio que suele albergar conciertos de K-pop, antes de que el grupo se dirigiera al sur para celebrar su primer concierto en solitario en México. EXO-K había actuado en 2014 con otros grupos de K-pop en el México City Arena, en un especial televisivo, *Music Bank in Mexico*. Esta actuación se interrumpió temporalmente cuando los admiradores le lanzaron ropa interior al grupo, por lo que descubrieron la pasión de los EXO-L mexicanos. Una vez agotado el aforo de 12.000 localidades, era hora de que el grupo ofreciera una recompensa, por lo que añadió *Sabor a mí* a su sección acústico. El vídeo de YouTube de EXO-K interpretando esta canción en el especial de *Music Bank* había acumulado muchas visualizaciones y atraído a miles de hispanohablantes y los asistentes estaban encantados de presenciar la repetición.

El deseo de comunicarse con su público sin importar en qué parte del mundo esté es solo uno de los factores que hacen que la experiencia EXO en directo sea inolvidable. Sin duda lo fue cuando el grupo regresó a Estados Unidos para celebrar en Los Ángeles su último concierto de la gira internacional EXO'rDIUM. Allí Suho anunció: «Los Ángeles es mi lugar favorito del mundo» y, con la ayuda de D.O., comenzó a cantar *City of Stars*, de la exitosa película *La La Land,* y a imitar los movimientos de baile que abren la película mientras suena *Another Day of Sun*.

En agosto, apareció en la página de V Live un nuevo *reality show* con el nombre de *EXO Tourgram*. Documentaba la gira americana del grupo en veintidós episodios de quince minutos cada uno en los que las cámaras captaban al grupo durante sus ensayos, actuaciones y tiempo libre. Destacaron Suho y Sehun cuando exploraron Nueva York (con Chen) y condujeron desde

El deseo de comunicarse con su público sin importar en qué parte del mundo esté es solo uno de los factores que hacen que la experiencia EXO en directo sea inolvidable.

Los Ángeles hasta Las Vegas en un clásico coche americano. Como siempre, la comida era una fuente constante de deleite, así vimos a los chicos recibiendo en el vestuario un pedido de un restaurante neoyorkino, saboreando gambas en la playa de Santa Mónica (Los Ángeles) y devorando burritos, tacos y nachos en Ciudad de México.

A pesar de la ausencia de Lay y la lesión que privó al público de los bailes de Kai, la impresión general fue que, de alguna forma, EXO se las había arreglado para subir el listón y ofrecer un espectáculo aún mejor que EXO'luXion. La secuencia acústica, los efectos acuáticos (allí donde era posible) y el baile fueron bien acogidos; también lo fue, por supuesto, la interacción cada vez más desenfadada de los chicos con el público. Una vez más, triunfaron al traer de vuelta el espectáculo a Seúl a finales de mayo para dos actuaciones extra. Estaba claro que eran héroes conquistadores. Los conciertos (para los que se agotaron las localidades) se celebraron en el lugar más grande de Corea: el Estadio Olímpico (también conocido como Jamsil), con capacidad para 35.000 espectadores.

Cuando los EXO salieron al escenario para actuar en los conciertos extra de EXO'rDIUM, había tres miembros a los que se les tenía que perdonar que tuvieran un resorte en los pies. Chen, Baekhyun y Xiumin, encarnados en su subgrupo EXO-CBX, acababan de alcanzar el número dos en Japón con su EP en japonés titulado *Girls*. La canción principal, *Ka-Ching*, era una canción pop muy pegadiza que iba acompañada de otro vídeo vistoso (con imágenes de un casino que recuerdan a *Lotto*), donde Xiumin acaparó la mayor parte de las miradas con su pelo morado y los marcados movimientos de su cuerpo consiguieron el visto bueno de todo el mundo.

Girls es un EP que bien podría haber pasado desapercibido a muchos EXO-L, pues era de un subgrupo y solo se había promocionado fugazmente en Japón. Sin embargo, sus canciones igualan la calidad de cualquiera de los álbumes de estudio de EXO. *Girl Problems* tiene un aire urbano, con dinámicos acordes de apertura y un toque divertido, mientras que *Miss You* es *funky*. *Tornado spiral* tiene una fuerte base instrumental con estilo roquero y algo del elegante rap de CBX; *King and Queen* es la canción más tipo EXO hasta el momento, ya que se separa un poco del estilo *dance*; y *Diamond Crystal* es una balada sencilla, aunque preciosa y emotiva.

Chen, Baekhyun y Xiumin, encarnados en su subgrupo EXO-CBX, acababan de alcanzar el número dos en Japón con su EP en japonés titulado *Girls*.

EXO se había erigido como una joya (mejor dicho, *la* joya) en la cima de SM Entertainment, de manera que cuando se anunció el regreso de SM Town Live, los chicos fueron una de las atracciones principales. La gira incluía conciertos multitudinarios en Seúl y Osaka (Japón) con los EXO y sus compañeros de SM: Super Junior, BoA, Girls' Generation, SHINee, Red Velvet y NCT 127. El grupo al completo (menos Lay, que se dirigía a China) se reunió para un breve concierto, en el que EXO-CBX también interpretó *Hey Mama!*

Sin embargo, Sehun recibió especial atención al subir al escenario con la diva del K-pop, BoA, para interpretar *Only One*. La pareja había cantado la canción a dúo en varios escenarios durante cuatro años, pero los admiradores quedaron impresionados por la seguridad que Sehun había adquirido con su mayoría de edad. Estaba siendo un buen verano para el *maknae*, quien también había sido la estrella principal (junto con Suho) en una presentación de Louis Vuitton el mes anterior.

El concierto en Seúl de SM Town Live el 8 de julio de 2017 coincidió con otros acontecimientos memorables. EXO estrenaba nuevas cuentas oficiales en Twitter, Instagram y Weibo. En 2016, el grupo había encabezado la lista de artistas de moda en Twitter y eran continuamente el tema de millones de tuits de fans de todo el mundo, por lo que no fue de extrañar que los seguidores acogieran en Twitter a @weareoneEXO con once millones de tuits.

EXO se había erigido como una joya (mejor dicho, la joya) en la cima de SM Entertainment, de manera que cuando se anunció el regreso de SM Town Live, los chicos fueron una de las atracciones principales.

El primer tuit oficial de EXO permitía a los admiradores hacer clic en un *hashtag* para un retuit automático que desbloqueaba un avance especial. Este tenía un aire tropical que, sin duda, dejó a los EXO-L conjeturando. Mientras tanto, en Instagram, el grupo compartió las tres últimas versiones de su logotipo y, en cada una de ellas, se utilizaba un tipo distinto de plantas para las letras de EXO. Una de esas plantas era la flor del paraíso, una brillante flor tropical que solo comienza a florecer tras cinco años. ¡Aquí había gato encerrado!

El grupo se convirtió pronto en tendencia mundial con #EXO, #TheWarEXO y #KoKoBop. Los dos últimos eran el título del nuevo disco y la canción principal. En los días siguientes, se publicó una serie de avances en los que aparecían los componentes de forma individual y su aspecto volvió locos a los EXO-L, pues los chicos salían en tonos pastel, pelo incluido. El de Chanyeol era rosa pálido, el de Sehun, color mandarina y el de Chen se había vuelto suave y rubio. Los peinados eran drásticos. Kai llevaba unas rastas un tanto polémicas; Suho, el flequillo despeinado; Xiumin había optado por una raya al lado que dejaba ver la frente; y Baekhyun lucía un peinado corto por delante y largo por detrás en rojo y en negro (¡un chico valiente!).

Pero faltaba un componente. Los EXO-L estaban decepcionados, aunque no les pillaba por sorpresa. En junio, SM había anunciado que Lay no aparecería en las promociones del *comeback*, pues estaban reñidas con sus compromisos en China. Mucha gente esperaba verlo, al menos, en los vídeos musicales. Los admiradores comenzaron a preguntarse en los foros en línea si volvería a actuar con el grupo. A fin de cuentas, las relaciones políticas entre China y Corea del Sur se habían vuelto bastante tensas y Lay había conseguido forjarse una carrera en su tierra natal. No obstante, SM insistió en que seguía siendo parte de EXO y que los fans solo debían tener paciencia.

> El grupo fue pronto tendencia mundial con #EXO, #TheWarEXO y #KoKoBop. Los dos últimos eran el título del nuevo disco y la canción principal.

¿Cómo sería la canción K-pop del verano perfecta? Bastaría con un aire distendido, algo de *reggae*, un ligero ritmo de música *dance*, un poco de rap animado y un estribillo pegadizo que cantar. Sobre todo en manos de SM y EXO. Tomaron prestados un verso y el aire tropical de un clásico ya olvidado, *Shimmy Shimmy Ko-Ko-Bop*, del grupo R&B de los cincuenta Little Anthony & the

Imperials, y un estribillo del tradicional juego infantil de palmas *Down Down Baby*. El sencillo de EXO *Ko Ko Bop* hace justo eso: reúne de forma sorprendente un estilo veraniego tranquilo y sensual con los elementos clásicos del K-pop.

> **EXO Ko Ko Bop fanmeeting 2 x speed up dance**
> Por mucho que te encante el toque relajado de *Ko Ko Bop*, ¿te has preguntado alguna vez cómo sonaría si fuera una pieza con un ritmo rápido? Puede que no, pero aun así te encantará ver a los chicos haciendo los pasos el doble de rápido como regalo para aquellos que asistieron al encuentro de fans de Seúl en septiembre de 2017. Chanyeol dijo que *Ko Ko Bop* significaba «baile divertido» y se lo tomaban muy en serio al acelerar la coreografía. Por supuesto, la llevaban a cabo con aplomo, a pesar de estar sin aliento y aguantando la risa.

Las letras son cortesía de Chen, Chanyeol y Baekhyun, que trabajaron el tema del baile de forma individual y desinhibidos. Chen contó a *Billboard*: «Recopilamos tres de nuestras letras para la canción y escogimos la que se ajustaba mejor. A través de ella, quería que, con *Ko Ko Bop*, la gente se quitara de encima todo el estrés y se divirtiera, que se mostrara natural».

El vídeo soleado lleva la relajación al máximo. En un viaje exquisito, somnoliento y alucinógeno interrumpido por algunas coreografías grupales clásicas, trabajan las miradas, las poses lánguidas y el humor (hasta aparece un Suho en miniatura en una lavadora, ¡venga ya!). En un especial de V Live, *Ko Ko Bop on One Summer Night*, emitido el 18 de julio, el día del estreno, Baekhyun reveló que la escena en la que todos los miembros están tumbados en el campo representa el momento en que llegaron a la Tierra por primera vez y el vídeo muestra a los componentes transformándose en humanos.

«Quería que, con *Ko Ko Bop*, la gente se quitara de encima todo el estrés y se divirtiera, que se mostrara natural.»

Los EXO-L aprovecharon para buscar más significados, pero el vídeo se centraba sobre todo en el estilo. Aparecen Sehun con una camiseta hawaiana retro de Saint Laurent, Chanyeol con una camisa blanca de Céline y camisas con palmeras de All Saints por todas partes. El estilismo dio lugar a un artículo de *Vogue* titulado «¿Es EXO la banda de K-pop con más estilo de todos los tiempos?» en el que se llegaba a la conclusión de que el vídeo «continúa con la tradición de EXO de expandir poco a poco los límites de la moda masculina en el K-pop».

No se trataba solo de la ropa. El pelo y el maquillaje encajaban a la perfección con la canción: desde los tatuajes falsos hasta las cejas rojas y las perlas plateadas de Baekhyun, pasando por las pecas falsas de D.O., la piel radiante de Chen y el delineador de ojos color melocotón. Había mucho que observar cuando te hubieras repuesto de los increíbles abdominales de Kai y el conmovedor momento en que Xiumin le acaricia la cara a Sehun.

Al vídeo se le dio una calificación para mayores de quince años (en la entrevista de V Live, los EXO suponían que se debía a la alusión a los alucinógenos, las explosiones o incluso la exhibición del cuerpo de Kai, pero algunos EXO-L más descarados insinuaron que probablemente fuera por el «aterrador» peinado de Baekhyun o las rastas de Kai), aunque en solo veinticuatro horas acumuló casi nueve millones de visualizaciones. Mientras tanto, el sencillo fue directo al número uno en la mayoría de las listas de éxitos digitales en tiempo real y, según el medio de comunicación coreano *Xsportsnews*, se coló en 155 listas de éxitos de iTunes en todo el mundo (entre ellas, en las listas de éxitos K-pop).

> Al vídeo de *Ko Ko Bop* se le dio una calificación para mayores de quince años y algunos EXO-L más descarados insinuaron que probablemente fuera por el «aterrador» peinado de Baekhyun.

En Australia, una estudiante de dieciocho años, Sheryse Skinner, decidió subir su versión del particular movimiento de cadera de la parte «*down down baby*» a su cuenta de baile K-pop de Instagram. Su #kokobopchallenge fue adoptado por muchísima gente en todo tipo de lugares: incluso grabaron al exvicepresidente de Filipinas, Noli de Castro, intentándolo. Pronto llegó a oídos de los chicos, que disfrutaron de la evolución de esta tendencia. Así era el poder que EXO desataba por todo el mundo.

SEHUN

FICHA TÉCNICA

Nombre: Oh Se-hun
Nombre artístico: Sehun
Fecha de nacimiento: 12 de abril de 1994
Lugar de nacimiento: Seúl, Corea del Sur
Nacionalidad: surcoreano
Estatura: 1,83 metros
Función dentro de EXO: bailarín, rapero
Subgrupo (s): EXO-K
Superpoder EXO: viento

22

Sehun

*E*l *maknae* ocupa un lugar muy especial en los grupos K-pop. Es el bebé de la familia, adorable y juguetón, y puede salirse con la suya con picardía y cierta dosis de ingenuidad. Adorado y cuidado por sus compañeros, los admiradores lo aprecian y siempre lo mantienen cerca del corazón.

Sehun es el *maknae* de EXO. Es solo unos meses más joven que Kai, pero ¡esa diferencia sí importa! Es uno de los miembros tímidos del grupo (¡otro más!). Aunque, durante los primeros años tras su debut, estuvo encantado de pasar desapercibido en lo que a canto y baile se refiere, su contribución al atractivo visual de EXO era imparable.

Sehun suele cumplir con la imagen del *maknae* adorable y, en ocasiones, mimado, pero es y siempre ha sido guay y elegante. A menudo, sus facciones lo hacen parecer mayor que el resto de los otros componentes y no siempre los respeta como es tradicional en la cultura coreana. Por estos motivos, a veces se le ha calificado como «*Maknae on Top*», un apodo que le han dado los EXO-L y que incluso los componentes de EXO parecen disfrutar.

Otra palabra coreana que se ha relacionado con Sehun es *ulzzang*, término referido a aquellos que se hacen populares por su belleza en Internet. Cuando se publicó una colección de fotos de antes del debut de un Sehun joven y sumamente guapo, sus fans lo apodaron «*ulzzang* certificado» y, al verlas, estaba claro por qué lo había fichado una compañía de espectáculos. ¿Cómo iban a dejarlo escapar?

Oh Se-hun nació y creció en Jungnang, un distrito del noreste de Seúl, con sus padres y un hermano tres años mayor que él. Ha dicho que antes de unirse a SM no tenía ningún interés en cantar o bailar y que casi evitó que lo descubrieran. En más de una ocasión, Sehun ha contado la historia de cómo, cuando solo tenía doce años, estaba comiendo *ddeokbokki* (pasteles de arroz picante) en un puesto de comida callejero cuando se le acercó un *streetcaster*. El joven recordó el consejo de sus padres de no hablar con desconocidos, se dio la vuelta y huyó, pero el agente fue insistente (valía la pena seguir a Sehun) y, tras una persecución de treinta minutos, se las arregló para alcanzarle y le dio su tarjeta de visita.

Durante los dos años siguientes, Sehun pasó por cuatro audiciones antes de que SM lo contratara al final en 2008. Solo tenía catorce años, pero por suerte el joven *trainee* encontró inmediatamente unos ángeles de la guarda que lo cuidaran en SM. Durante su primer día allí, conoció a Donghae de Super Junior y, desde entonces, han sido buenos amigos, a pesar de que Donghae es seis años mayor. Chanyeol comenzó en SM más o menos en la misma época y tomó a Sehun bajo su protección y Suho, con quien viviría durante cinco años, asumió el papel de hermano mayor. Cuando aún estaba en el instituto, Sehun disfrutó de la vida de *trainee* y asistió a clases intensivas de canto, baile e interpretación. Pasaría los próximos cuatro años perfeccionando sus habilidades antes de debutar.

El 10 de enero de 2012, ya con diecisiete años, se convirtió en el quinto componente de EXO en ser presentado. Se le asignó el superpoder del viento y conservó su nombre como nombre artístico. SM pretendía darle el nombre de Leo, pero lo cambiaron cuando se dieron cuenta de que no sonaba bien cuando se combinaba con su nombre de familia, Oh. Apareció en cuatro avances y mostró a los fans su gran atractivo visual y algunas habilidades de baile muy impresionantes.

Evidentemente, Tao, el *maknae* de EXO-M, se sentía más cerca de Sehun, pero fue su amistad con otro miembro chino, Luhan, la que captó la atención de los fans durante los primeros años de EXO. Les encantó ver fotos de estos «gemelos de abril» (ambos nacieron en este mes y eran tan parecidos que otros *trainees* de SM pensaban que eran gemelos), sobre todo aquellas en las que aparecían juntos con sus chándales de color verde menta en el programa de televisión surcoreano *Idol Star Athletics Championships* de 2013. Cuando se fue Luhan, muchos admiradores lo sintieron por Sehun, ya que se les veía muy unidos.

El Sehun que llegamos a conocer era el *maknae* perfecto. En las entrevistas, solía parecer asustado y Suho lo protegía responsablemente. Los otros componentes lo mimaban y se ofrecían a cocinarle cuando tenía hambre. Y él era quien mejor dominaba el *aegyo*, una habilidad muy valiosa consistente en ser adorable. De vez en cuando, también ejercía su derecho como *maknae* a ser un niño mimado, a hacer bromas infantiles y, en general, a tomarles el pelo a los demás. A los seguidores les encantó el juego de quedarse congelados en *Peter Pan* en la gira EXO'luXion cuando, durante diez segundos, solo se le permitió moverse a Sehun, dándole rienda suelta para hacer de las suyas.

Hiciera lo que hiciera, los componentes se sentían debidamente orgullosos de su *maknae*, como cuando asistieron a su graduación del instituto o cuando lo ovacionaron al ganar el premio *Artist of Fan Choice* (Artista Elegido por los Fans) en la sexta edición de los premios musicales *Gaon Chart Music Awards*. Él también ha demostrado un amor y una lealtad increíbles hacia ellos. Apareció en una promoción de la película de D.O., *Pure Love*, y sorprendió a su amigo con flores; dejó boquiabiertos a los fans de EXO-CBX al asistir a uno de sus encuentros; le envía mensajes a Chanyeol cuando están separados diciéndole cuánto lo echa de menos y, quizá lo más memorable, estuvo en el escenario para apoyar a su líder cuando Suho rompió a llorar justo después de la muerte de Jonghyun.

También tiene amigos famosos fuera de EXO, entre los que destacan Johnny de NCT, Minho de SHINee y Seungri, el *maknae* de Big Bang. Sehun y Seungri son amigos desde hace años, amistad que empezó cuando Seungri se sentó en el regazo de Sehun para cantar en los premios MAMA de 2015. Tres años después, siguen estando unidos: en abril de 2018, Sehun publicó una foto en Instagram en la que revelaba que su amigo había enviado una gastroneta al plató de una película que él estaba rodando con una pancarta que decía: «*Maknae* al poder».

Sehun fue nombrado segundo rapero de EXO-K, pero, al principio, tenía pocas oportunidades de participar en sus canciones y a menudo se limitaba a rapear el nombre del grupo. Sin embargo, los fans empezaron a disfrutar de sus versos, aunque solo fuera por su naturaleza provocadora. Su «E-X-O» en *Growl* se convirtió en un icono, al igual que frases como «*Never don't mind about a thing*» en *Call Me Baby*, «*That's right, my type*» de *Monster* y la legendaria «*Shawty imma party till the sun down*» en *Love Me Right*. Junto con su «*Ohorat!*» (la forma que tiene Sehun de decir *alright!*) y el autocomplaciente «*Yehet!*» con el que salió en el programa *Showtime* de EXO, esas frases no hicieron más que aumentar todavía más sus niveles de ternura.

En abril de 2018, Sehun publicó una foto en Instagram en la que revelaba que su amigo había enviado una gastroneta al plató de una película que él estaba rodando con una pancarta que decía: «*Maknae al poder*».

En 2015, Sehun tenía veintiún años, medía 1,83 metros y llevaba siete años en SM. Había madurado. Sus bailes en *Beatmaker* e *It's You* en actuaciones en directo lo habían mostrado como un bailarín seguro de sí mismo y con talento que deleitaba a sus seguidores con movimientos contundentes, golpes de cadera, poses seductoras y bromas descaradas. Un año más tarde, con camisa blanca y vaqueros negros rasgados, llegó a otro nivel causando furor en las actuaciones de EXO'luXion al imitar el apasionado *Baby Don't Cry* de Kai en el escenario-piscina.

A finales de 2015, tuvo la oportunidad de interpretar, aunque brevemente, su primer fragmento de una canción y sorprendió a los seguidores con tonos firmes y graves en *Sing for You*. En diciembre de 2016, cantó *For Life* en el álbum de invierno, pero tardó un tiempo en ganarse el derecho a una actuación en solitario en directo y tuvo que esperar hasta la gira ElyXiOn de 2017 para cantar *A Go* y a los conciertos extra de 2018 para interpretar *JMT* (que significa «muy guay»). En estas últimas actuaciones también se vio a Sehun en el escenario para su dúo *We Young* con Chanyeol. Cantado con energía y humor, este tema optimista se convirtió de inmediato en uno de los favoritos de los admiradores y se lanzó en septiembre de 2018 con un fantástico vídeo musical.

> **Sehun – Go – EXO Planet #4 – ElyXiOn, Seoul**
> La actuación en solitario de Sehun en Seúl dejó con la boca abierta a los que estaban en el Gocheok Sky Dome e incluso a los que lo vieron después en YouTube. Había prometido mostrar sus abdominales en la gira y, según Suho, había dejado de comer carbohidratos y llevaba meses haciendo ejercicio para prepararse. El 24 de noviembre de 2017, fue fiel a su palabra y se quitó la chaqueta para enseñar su tableta de chocolate en este baile subidito de tono. Cabe señalar que Sehun también había escrito las letras para el estribillo de la canción, pero, en ese momento, pocos las apreciaron.

El *maknae* se ha ganado nuevos seguidores con cada *comeback*. Algunos llevan con él desde el principio (aunque el pelo arcoíris de *Wolf* hizo que algunos se lo pensaran dos veces) o no tardaron en caer rendidos a sus pies por su aspecto de elfo rubio en *Growl*. Se convirtió en un *bias wrecker* con las camisas a cuadros y el pelo castaño oscuro de *Lotto* y volvió a por más con el tinte de color mandarina en *Ko Ko Bop* y su pelo rojo con la raya al medio en *Tempo*.

Sin embargo, es en su tiempo libre cuando Sehun se ha convertido en icono de la moda. Su interés por la ropa ha aumentado con los años y ha desarrollado un estilo sencillo que favorece su alta y esbelta figura. Con un estilo informal, puede llevar cazadoras de cuero de marca, pantalones a medida y zapatillas deportivas, al tiempo que puede adoptar un aire desenfadado y moderno con un traje.

No cabe duda de que Sehun habría tenido éxito como modelo incluso sin su talento para la música y el baile. Ha aparecido en la portada de varias revistas, desde *Vogue Korea* (la segunda estrella coreana masculina en hacerlo después de G-Dragon) y *Marie Claire* hasta la revista canadiense *TOM*. En el Louis Vuitton Resort 2019, fue considerado el «hombre mejor vestido» por segundo año consecutivo y se convirtió en una tendencia mundial mientras charlaba con la gran actriz de Hollywood Emma Stone. En septiembre de 2019, la casa de moda italiana Ermenegildo Zegna le nombró primer embajador mundial de la marca desde la década de 1990.

No cabe duda de que Sehun habría tenido éxito como modelo incluso sin su talento para la música y el baile. Ha aparecido en la portada de varias revistas como *Vogue Korea* y *Marie Claire*.

Con su porte y elegancia, era cuestión de tiempo que a Sehun le ofrecieran un papel como actor. Había hecho de sí mismo en cameos en telenovelas como *To the Beautiful You* y *Royal Villa* y, por supuesto, había cogido mucha experiencia ante las cámaras en *EXO Next Door*, pero su verdadero debut como actor llegó con *I Love Catman* (estrenada en China en 2017, aunque a la espera de su estreno en otros lugares), una película romántica de fantasía en la que su personaje era mitad gato y mitad humano, un papel que, como reconoció, fue todo un reto para un actor principiante.

Ahora se ha consagrado como actor ante las cámaras, ha tenido un papel principal (con escenas de lucha) en el webdrama *Dokgo Rewind* en 2018 y ha protagonizado la segunda temporada de otro, *Secret Queen Makers*. Sin embargo, podría decirse que su papel más popular en televisión ha sido en su primer espectáculo de variedades, el programa de Netflix *Busted*. El protagonista es Sehun, que forma parte de un equipo de detectives famosos que resuelve un misterioso asesinato ficticio. Es una gran oportunidad para conocer su verdadero carácter y lo hace muy bien, tanto de serio como de intenso (por no decir de competitivo), y muchos seguidores ajenos a EXO lo consideran su detective favorito.

Afortunadamente, los EXO-L lo tienen fácil para estar al tanto de lo que hace a través de su cuenta de Instagram, @oohsehun, y sus retransmisiones en V Live. Se han dado cuenta del cariño que le tiene a su perrito adorable, Vivi (un bichón frisé al que conocimos cuando era un cachorro en el *Exomentary* de 2016); han visto cientos de sus *selcas* (selfis) en las que luce siempre ropa elegante, cuyo precio no parece inferior a un millón de dólares; y le han visto ganarse el apodo de «el rey del destripe» por publicar enigmáticas pistas fotográficas sobre los *comebacks* de EXO. Siempre está dispuesto a interactuar con sus fans cuando se presenta la oportunidad, incluso respondiendo a mensajes individuales, por lo que no es de extrañar que haya acumulado más de quince millones de seguidores en Instagram.

A cambio, los admiradores cuidan de su «*Hunnie*». Lo votaron mejor *maknae* K-pop en una encuesta de *M-Wave* en 2018 y le han dado mucho cariño a lo largo de los años, en especial los EXO-L chinos, que aprecian al miembro más joven y lo votan constantemente como una de las mejores estrellas de K-pop del país (¡a veces, incluso, supera a Lay!). Hay un grupo de fans que se hace llamar Xunqi (*Xun* por el nombre chino de Sehun, Shixun, y *qi*, que significa «caballero») y le encanta mimarlo. Uno de los detalles más increíbles se produjo en abril de 2017, cuando un grupo de seguidores chinos le compró un terreno en las Tierras Altas de Escocia que venía con un título aristocrático. ¡Así que ahora es oficialmente lord Sehun!

Chanyeol suele decir que siente que Sehun crece demasiado rápido. Para él y para los demás componentes, siempre será su querido *maknae*. Sin embargo, para los miles de personas que han seguido su transformación de adolescente tímido a artista seguro de sí mismo, se ha convertido en un joven ingenioso, con talento y de una belleza exquisita, y que de vez en cuanto demuestra que sigue manteniendo cierto espíritu *maknae* en su corazón.

23

Acto de poder

En la primavera de 2017, algunos de los EXO-L jugaron a adivinar el título del álbum nuevo. ¿Quizás *EXOtica*? ¿*EXOstatic*? ¿O puede que *EXOteric*? Pero EXO nunca ha sido predecible. Titularlo *The War* fue una manera de no seguir con la tradición, otro ejemplo de cómo el grupo podía cambiar de dirección. En el especial *One Summer Night* de V Live, Suho explicó que el álbum representa «nuestra actitud ante el mundo y nuestras vidas como músicos hasta ahora». Incluso declaró que «de alguna manera, hemos renacido con este álbum».

The War se publicó en soporte digital el 18 de julio de 2017 y, un día más tarde, se lanzó el álbum físico en tres versiones. A pesar de los recientes asuntos diplomáticos que habían dificultado la relación entre Corea y China, SM también publicó las tres versiones en chino. El álbum ya era un éxito antes de que nadie lo hubiera escuchado. Con más de 800.000 reservas, batieron el récord que el propio EXO había conseguido con *Ex'Act*.

The War presentaba una perspectiva más ligera y alegre que la de los álbumes anteriores. Casi todas las canciones tienen un ritmo animado y un tono fresco. Aunque todos los temas se pueden incluir bajo la categoría de pop electrónico, EXO incorporó tantos estilos e instrumentos que se mantenían los sonidos frescos en todo momento. Es un disco que a los admiradores les gusta de principio a fin, no hay una sola canción que se suelan saltar o que olviden.

Entre los favoritos está el tema de apertura, *The Eve*, con su portentoso ritmo de bajo y batería sobre el que las voces (son muchos los fans que aprecian los versos de Sehun) forman una

The War presentaba una perspectiva más ligera y alegre que la de los álbumes anteriores. Casi todas las canciones tienen un ritmo animado y un tono fresco. red de seducción y delicada tensión. *Diamond*, *Forever* y *What U Do* mezclan el acompañamiento instrumental con la participación de la mayoría de los miembros para crear armonías, estribillos e incluso versos ocasionales que reclaman atención inmediata. *Touch It* aumenta el ritmo con un poco de electro-funk muy sexi mientras que *Going Crazy* lanza un desafío al grupo para que utilicen sus voces y triunfen sobre la elección extrañísima de instrumentos (xilófonos, violines, campanas, etcétera) y demuestran estar a la altura de ese reto de una manera espectacular.

Aunque no es el álbum favorito de todos los EXO-L, es difícil negar que *The War* no es el álbum más uniforme de EXO hasta la fecha. Desde *Ko Ko Bop* hasta *Walk on Memories*, todas las canciones y las letras, con las contribuciones de Chanyeol y Chen, son de una calidad excepcional. La distribución de versos está más igualada que nunca y las canciones se basan tanto en los puntos fuertes de los vocalistas como en los del grupo como artistas escénicos. Ahora eran compositores que creaban música prestando atención a la puesta en escena. El productor de *Diamond*, Patrick «j.Que» Smith, le contó a *Billboard* que SM había llevado a unos posibles patrocinadores a ver una actuación de EXO en directo. «Poder vivir esa experiencia fue increíble —dijo—. Cambió un poco la perspectiva de lo que queríamos crear y cómo crearlo, [queríamos] algo relacionado con el ambiente de ese escenario.» En tan solo tres semanas, *The War* había vendido más de un millón de copias. Era el cuarto álbum de EXO en alcanzar este hito, igualando así al disco de H.O.T., la banda de *idols* de los noventa. Mientras tanto, había alcanzado el número uno en las listas de éxitos de iTunes en más de cuarenta países (la mejor clasificación de todos los tiempos para artistas de K-pop hasta ese momento). Estuvo en lo alto de la Billboard World Albums Chart durante dos semanas consecutivas.

> **'The Eve' comeback stage, M Countdown**
> El *comeback* de EXO a los programas coreanos de música incluyó naturalmente el tema principal, *Ko Ko Bop*, pero el grupo también promocionó *The Eve*. Después del colorido y relajado *Ko Ko Bop*, EXO volvió a los conjuntos en blanco y negro y a las coreografías muy marcadas. Xiumin, con el pelo negro azabache, suscitó muchos comentarios en YouTube, pero esta es una actuación en la que brillan todos. Ganarían doce programas con este *comeback*, incluyendo tripletes en *M Countdown* y *Show! Music Core*.

Las promociones se acabaron el 13 de agosto de 2017, pero, para entonces, los EXO-L habían estado esperando algún tipo de reedición. Una semana más tarde, SM publicó un vídeo de veinte segundos desde EXO Planet. Sobre la imagen de un llameante eclipse solar, se podía leer lo siguiente: «El poder de la música surge cuando hay un eclipse». Los eclipses habían jugado un papel destacado en la mitología de EXO y, el 21 de agosto, millones de personas pudieron presenciar un eclipse solar de verdad en Estados Unidos. Los EXO-L seguían dándole vueltas hasta una semana después, cuando llegó otro mensaje corto con el título «El poder de la música: universo paralelo». En él aparecen los miembros de EXO pasando el rato en una habitación con estilo de los años ochenta; de repente, todos se paran y miran a la cámara.

Los fans acudieron en masa a Internet para poner en común teorías sobre lo que significaba aquello para la historia de EXO. Analizaron los pósteres de la pared, la hora que marcaba el reloj, el título *EXO Planet* y el número del episodio «2.641» con grafía al estilo de cómic y el nuevo logo de EXO, las letras formadas por antebrazos musculosos y puños apretados encerradas en un hexágono.

Al día siguiente, llegó un avance más largo, de sesenta segundos: «Poder #RF05». Este nos trasportaba a un mundo de ciencia ficción, al estilo de cómic, donde, a simple vista, la Fuerza Roja había estado luchando contra nuestros héroes durante cinco años y había conseguido arrebatarles todos los poderes excepto el de Baekhyun (luz). La Fuerza Roja también había transformado a los EXO en personajes de dos dimensiones. Pero ¿qué...? SM había trabajado horas extra en la historia o, como algunos afirman, lo tenía pensado desde el principio.

Mientras algunos admiradores ahondaban en los símbolos y su posible significado, otros escuchaban los fragmentos de música mientras anticipaban el nuevo sencillo y el álbum reeditado que se publicarían próximamente. A finales de agosto, la atención se centró en la cuenta de Twitter del grupo, en la que aparecían GIF de cada miembro en formato de tira cómica, blandiendo armas de dibujos animados y exhibiendo sus superpoderes. El avance del vídeo musical que finalmente llegó a YouTube seguía la misma línea y presentaba a los chicos luchando en un mundo de ciencia ficción en una promo cursi en la que aparecía hasta un gatito. No había duda de que la mitología había vuelto.

El 5 de septiembre de 2017 se lanzó, por fin, el videoclip de *Power*. Agrupaba todas las imágenes de los avances: los orbes de poder, las pistolas espaciales, el humor e incluso el gatito, mientras la Fuerza Roja se enfrentaba a la última banda galáctica que quedaba en la ciudad (y acababa perdiendo). Era vibrante, con el factor adorable llevado al máximo, y era imposible pasar por alto el maquillaje de ojos: el amarillo dorado de Chen, las alas asimétricas de Sehun, las gemas en la cara de Kai, el brillo de Xiumin y el destello azul en el ojo de Suho que ni siquiera se podía ocultar tras sus gafas.

La canción es puro pop en sí misma, un tema *dance* pegadizo y dinámico lleno de ritmos de baile con un estribillo icónico. Se ajusta al vídeo a la perfección, con un sonido parecido al tema de una película o de un juego de superhéroes con letra añadida. Celebra el poder de la música y está llena de llamadas positivas y poderosas a la acción.

Mientras EXO promocionaba *Power* en programas musicales (ganó cinco premios más, incluyendo su centésimo éxito y la puntuación máxima posible en *M Countdown*), el álbum reeditado subió al primer puesto de las listas de iTunes en más de cuarenta países, desde Indonesia hasta México, pasando por Rusia. Titulado *The War: The Power of Music*, también incluía el divertido tema disco-bop, *Boomerang*, y un favorito inmediato, *Sweet Lies*. Tiene un ritmo de R&B lento con notas altas que producen escalofríos. El cada vez más impresionante Chanyeol compuso la letra, una convincente confesión que trata de que a un amante hay que decirle lo que quiere oír en lugar de la verdad, que le haría daño.

> **'Power' comeback stage, M Countdown**
> Tanto Kai como Sehun han colaborado en la arrasadora coreografía de *Power*, dirigida por el grupo de danza asiático-americano The Kinjaz. Llena de la energía y de los movimientos hábiles y sincronizados habituales, también rebosa expresión y carácter, desde los símbolos de los EXO-L y los brazos del logo hasta los «choca esos cinco» aleatorios. Pero lo que de verdad hizo que el vídeo se hiciera viral en YouTube fue la espectacular aparición de Kai bailando ballet y, en concreto, aquel guiño.

Los EXO eran ya muy conocidos en Corea del Sur, agasajados por famosos y políticos por igual y llamados cada vez más para representar a su país. El 1 de noviembre de 2017, cien días antes del comienzo de los Juegos Olímpicos de Invierno, de los que Corea del Sur era anfitriona, tuvo lugar un concierto especial para celebrarlo. Contó con muchos de los nombres más famosos del K-pop, como Twice, BTOB, B.A.P, Day6, NCT 127 y BTS, pero el elegido para encabezar el programa fue EXO. Días más tarde, en los *Korean Popular Culture and Arts Awards*, el grupo recibió el prestigioso reconocimiento del primer ministro. En su discurso de aceptación, Suho reconoció el estatus que esto le confería a EXO y prometió popularizar no solo el K-pop, sino también a la propia Corea del Sur. «Seremos el grupo que promocione y vaya más allá de la Ola coreana», dijo.

La popularidad internacional de EXO ya estaba dando sus frutos. Se dijo que el presidente de Corea del Sur, Moon Jae-in, le había regalado un disco de EXO firmado a la hija del presidente de Indonesia y, lo que es más significativo, había invitado a EXO-CBX a acompañarlo, en diciembre, a la ceremonia de apertura de la Asociación Económica y Comercial entre Corea y China en Pekín. Tras un año de dificultades diplomáticas, esta era una reunión importante y la popularidad de EXO-CBX en China era una parte crucial de la estrategia carismática del presidente.

Para entonces, ya había comenzado su cuarta gira en solitario. EXOPlanet#4: The ElyXiOn se presentó los días 24, 25 y 26 de noviembre en el Gocheok Sky Dome, con lo que EXO se convirtió en el primer grupo en actuar en el Dome durante tres días seguidos. Se vendieron las 66.000 entradas en 0,2 segundos, batiendo así el récord establecido por el propio grupo hacía dos años. El nombre ElyXiOn surgió de la palabra griega *Elisium*, que significa «paraíso al que solo los elegidos pueden ir», y los que tuvieron la suerte de conseguir entradas fueron verdaderamente privilegiados.

En la rueda de prensa previa al concierto, Suho declaró: «Cuando subimos al escenario, sentimos una mezcla de agobio, responsabilidad y orgullo», señalando que la banda comprendía la importancia de la ocasión para los EXO-L, que habían pagado una gran cantidad de dinero y llevaban horas haciendo cola para verlos. Por esta razón, ver a EXO actuando en un escenario es disfrutarlos en su mejor forma. Se mueven con soltura entre estilos musicales diferentes, hacen que el más grande de los escenarios parezca íntimo y se compenetran con el público al instante, lo que parece inspirarlos para hacer actuaciones cada vez mejores.

Con The ElyXiOn los chicos abarcaron un repertorio de más de treinta canciones en una nueva puesta en escena deslumbrante. Lay seguía sin hacer acto de presencia, pero los EXO-L que asistieron se aseguraron de acordarse de él a través de sus ovaciones. Frente al océano plateado creado por las varitas luminosas que llenaban el estadio, los miembros subieron al escenario con elegantes chaquetas de estilo militar en blanco y negro. El

La popularidad internacional de EXO ya estaba dando sus frutos. Se dijo que el presidente de Corea del Sur, Moon Jae-in, le había regalado un disco de EXO firmado a la hija del presidente de Indonesia.

pelo plateado de Baekhyun y el rapado de D.O. llamaron la atención de inmediato. Durante las siguientes tres horas, los cambios de vestuario los mostraron con elegantes trajes con camisas y corbatas clásicas blancas, con trajes totalmente blancos, con ropa de diseño negra y roja y, finalmente, con chaquetas negras informales con cremallera.

Sin embargo, no hubo las típicas travesuras en esta actuación, ya que los EXO mostraron su faceta más madura e incluso llegaron a usar una barra de coctelería para darle al escenario un aire de club de *jazz*. La secuencia inicial de temas seguía exhibiendo la habilidad de los chicos para sincronizarse, pero, en todo momento, destacó el talento individual. Xiumin y Baekhyun se enfrentaron en una poderosa batalla de baile; D.O. fue casi el que más impresionó al interpretar *For Life* en inglés a la perfección, acompañado por Chanyeol al piano; Chen asombró con sus tonos agudos en un precioso remix de *Heaven* y se notó que el público tragaba saliva mientras Suho llenaba el escenario con su solo de *Playboy* realizando unas contorsiones y unos movimientos sensacionales.

Otros incorporaron canciones nuevas a la actuación. Kai dominó la puesta en escena con una hermosa danza contemporánea, que él mismo ayudó a coreografiar, para *I See You* y Sehun ya tenía al público comiendo de su mano cuando cantó *Go*, pero los EXO-L se volvieron locos de verdad cuando se quitó la chaqueta para terminar la canción con el pecho al descubierto. Chanyeol también introdujo algo nuevo: un rap titulado *Hand*, que él mismo había compuesto y producido. Era una canción sobre cómo se había sentido en el pasado y cómo se sentía respecto al futuro. «Al escribir la letra y cuando la estaba cantando, pensaba en mis compañeros y en mis seguidores», dijo. Hablaba de desesperación y agotamiento, pero también de cómo agarrar los «ocho pares de manos» de sus compañeros le había ayudado a superarlo. Fue un momento muy emotivo.

Era otra actuación bien pensada y ejecutada de una manera soberbia en la que aparecían la mayoría de las canciones de *The War* y *Power of Music*, e incluía una sesión festiva que terminó con un intenso remix discotequero de *Power*. Y, por supuesto, hubo mucho *fanservice*, pero este término del K-pop que describe a un grupo que reacciona ante sus admiradores con gestos cariñosos, adorables o divertidos no hace justicia a la atención que EXO presta siempre a sus fans durante cualquier concierto.

Cuando los EXO acudieron a los premios MAMA en diciembre para recibir el *daesang* al Álbum del Año, se aseguraron de que los EXO-L supieran que habían hecho historia con y para sus seguidores, batiendo su propio récord Guinness mundial al ganar el mayor número de *daesangs* en dicha gala. Sin embargo, algunos EXO-L no estaban contentos. Creían que los resultados de las votaciones deberían haberles reportado muchos más premios en el evento y estaban molestos porque el grupo no hubiera encabezado el acto; en su lugar, ese honor lo tuvo el grupo debutante Wanna One. La indignación fue tal que muchos firmaron una petición para que el gobierno cancelase el evento. Sin embargo, estaba a punto de estallar una trágica noticia que pondría estas quejas en perspectiva.

24

Los elegidos de la nación

El 18 de diciembre de 2017, se supo que Jonghyun, el vocalista de SHINee, otra banda de SM, se había suicidado. Todos los miembros de EXO, también los antiguos, estaban conmocionados y profundamente apenados por su muerte. Jonghyun era amigo, mentor y compositor del grupo, y todos le querían.
El más afectado fue Suho. Estaba muy unido a Jonghyun, ya que había crecido con él como *trainee* en SM y, aunque debido a sus apretadas agendas pasaban poco tiempo juntos, Suho lo consideraba su mejor amigo. Dos días después de enterarse de la noticia, rompió a llorar al final de la actuación en el musical *The Last Kiss* y le debió resultar muy difícil ocupar su lugar en el escenario cuando, días más tarde, EXO fue a Japón con EXOPlanet#4: The ElyXiOn.
En la actuación en Fukuoka, como muestra de respeto, Suho no hizo su solo de *Playboy*, ya que era una canción compuesta por Jonghyun. Más tarde, al final del concierto, se dirigió al público diciendo: «Jonghyun, que era un amigo, un hermano, un compañero, un artista experimentado y compositor de EXO, ha dejado este mundo. Estoy seguro de que los aquí presentes estáis sufriendo tanto como sufrimos sus admiradores y EXO. Esperamos que Jonghyun, al que queremos, sea feliz y esté en paz. Con esa esperanza, vamos a cantar *Angel*, nuestra última canción de hoy».
La muerte de un amigo tan querido retrasó el lanzamiento del cuarto EP de invierno de EXO, *Universe*, hasta el día después de Navidad. Aunque todavía echaban de menos a Lay, que publicó un tema en solitario titulado *Goodbye Christmas*, *Universe* sigue siendo considerado por muchos EXO-L como el mejor sencillo de

Navidad, por lo menos desde *Miracles in December*. Es una balada roquera con un ritmo tenue pero firme, en la que las reconfortantes aptitudes vocales del grupo están en primer plano, incluyendo los timbres graves de Chanyeol, mientras cantan sobre su determinación por encontrar una amante a lo largo y ancho del universo. El vídeo se centra en la estilosa preparación del café (¿sería idea de Xiumin, gran amante del café?). No pasa mucho más, Kai está atado con cuerdas gruesas y, al final, se libera, pero es bonito.

Solo se publicó una edición del EP, pero contenía una versión en chino de *Universe*. Había otros cinco temas más, todos con escasa instrumentación, voces superpuestas a la perfección y letras con género neutro, rasgo que pronto fue observado por los EXO-L y aplaudido por muchos de ellos.

EXO demostró que podía mantener la calidad en sus canciones incluso después del subidón de *The War*. *Been Through*, que se hizo popular en Europa cuando las tiendas H&M la incluyeron en su lista de reproducción de invierno, es una canción maravillosa y delicada que fluye con facilidad mientras que *Fall* es una pieza acústica exquisita y *Good Night* presenta armonías particularmente suntuosas. La letra de la dulce balada *Lights Out*, escrita por Chen, muestra el toque poético del cantante y Chanyeol y Sehun consiguen hacer delicado al único rap del EP, *Stay*. Mientras el grupo recogía cuatro victorias más en programas musicales con el sencillo *Universe*, el EP alcanzó el número uno en Corea del Sur, el octavo puesto en Japón, el segundo puesto en la Billboard World Albums Chart en Estados Unidos y estuvo en lo más alto de las listas de iTunes en más de veinticinco países, entre los que se encuentran Hungría, Colombia, la India y Nigeria. Los EXO eran estrellas internacionales de verdad, lo que se acabó de confirmar cuando *Power* fue seleccionada para la lista de reproducción de la famosa Fuente de Dubái, el sistema de fuentes coreografiadas más grande del mundo. La fuente ofrece una combinación espectacular de agua, música y luces muy por encima de las cabezas de la multitud de espectadores, y solo unas cincuenta canciones han sido elegidas como acompañamiento musical. Los EXO, los primeros intérpretes de K-pop que han sido distinguidos de esta manera, se han unido a leyendas musicales de la talla de Aretha Franklin, Lionel Richie, Michael Jackson, Édith Piaf o Eida Al Menhali.

Los integrantes de EXO (a excepción de D.O. y Lay) volaron a Dubái para presenciar el debut de la canción en la fuente de aguas danzantes. Era la primera vez que iban a Oriente Próximo y se quedaron asombrados por la acogida que recibieron. #WelcomeToDubaiEXO y #EXOintheUAE2018 fueron tendencia y cientos de seguidores se acercaron en masa al aeropuerto y a la fuente para verlos.

Los EXO eran estrellas internacionales de verdad, lo que se acabó de confirmar cuando *Power* fue seleccionada para la lista de reproducción de la famosa Fuente de Dubái.

Para cuando EXOPlanet#4: The ElyXiOn visitó Saitama y Osaka en Japón, hacia finales de enero, al repertorio se habían añadido dos canciones nuevas: *Electric Kiss* y *Cosmic Railway*. Días más tarde, aparecieron como dos de las cuatro canciones nuevas de la lista de temas del álbum en japonés de EXO, *Countdown*. En noviembre ya había habido varios avances de este álbum, con una serie de vídeos futuristas, artísticos y ligeramente perturbadores, cada uno de menos de un minuto de duración. Los EXO-L japoneses seguían desconcertados una semana más tarde, cuando se publicaron imágenes más directas de los componentes, todos parecían modelos consumados al posar con ropa de diseño.

Electric Dream, la canción principal de *Countdown*, es un tema típico de EXO. Impulsada por un ritmo de fondo compuesto por chasquidos de dedos, esta canción estalla con energía, armonías y melodías pegadizas. El vídeo musical combinaba este dinamismo con una cámara giratoria, luces parpadeantes y relámpagos que se suman a la vertiginosa coreografía mientras los chicos se abren camino por un escenario postapocalíptico.

Otras canciones nuevas en *Countdown* son *Love You Mo*, un tema (usado como parte de la banda sonora de la telenovela japonesa de Kai, *Spring Has Come*) con un gran ritmo y un fluir insistente que muestra de verdad los puntos fuertes vocales de EXO; *Into My World*, una pegadiza canción pop en la que hay hasta un rugido de un león para los que echaban de menos los sonidos de animales en EXO; y *Cosmic Railway*, una intensa balada con diferentes capas y una melodía que se eleva poco a poco poniendo la piel de gallina. El álbum entró directo en el número uno de las listas japonesas, convirtiendo a EXO en el primer grupo internacional en encabezar las listas de éxitos, tanto con su primer sencillo como con su primer álbum completo.

> **'Electric Kiss' dance practice**
> Solo es un ensayo de baile. No incluye elementos visuales ni voces. Pero, por supuesto, los chicos están fantásticos con su atuendo negro de baile (parece que a Sehun no le llegó el mensaje porque va de marrón) y la canción es muy *bop*. La verdadera razón de que este video de YouTube, subido por SM Town, se haya visto más de veintiséis millones de veces es que la coreografía es tan contundente que es un milagro que no se lesionaran. Los tiempos son certeros; los movimientos, precisos; las líneas, elegantes; y todos parecen el bailarín principal.

El 5 de febrero, empezó a ser tendencia en Twitter un *hashtag* nuevo. #NationsPick (los Elegidos de la Nación) era la manera en la que los EXO-L celebraban que hubieran escogido a EXO para actuar en la ceremonia de clausura de los Juegos Olímpicos de Invierno de 2018 en Pieonchang. El sobrenombre gustó y EXO se lo tomó muy en serio. En una entrevista, Baekhyun expresó que el grupo estaba muy agradecido por el título y lo importante que era para ellos cumplir con las expectativas. Fue Baekhyun quien recibió el encargo de cantar, antes de los Juegos, el himno nacional de Corea del Sur en una reunión del Comité Olímpico Internacional ante el presidente surcoreano, Moon Jae-in, y una multitud de delegados internacionales.

Corea del Sur tuvo un gran éxito al organizar los Juegos Olímpicos de Invierno. La parte deportiva fue a menudo espectacular, les fue bien en el medallero, las Garlic Girls surcoreanas se convirtieron en la sensación de Internet cuando ganaron una inesperada medalla de plata en *curling* y fue muy positivo que las relaciones entre Corea del Norte y Corea del Sur se hubieran distendido hasta tal punto que los atletas de los dos países marcharon juntos.

La ceremonia de clausura tuvo lugar el 25 de febrero y los EXO-L dieron lo mejor de sí mismos para recordarle a la gente que los Elegidos de la Nación estaban actuando, llegando a tuitear #Olympics_EXO ¡ocho millones de veces en cuatro horas! Se conectaron más de cuatro millones de personas de todo el mundo para ver la ceremonia mientras la rapera CL, anteriormente del grupo femenino 2NE1, ponía en marcha el espectáculo.

#NationsPick (los Elegidos de la Nación) era la manera en la que los EXO-L celebraban que hubieran escogido a EXO para actuar en la ceremonia de clausura de los Juegos Olímpicos de Invierno de 2018 en Pieonchang.

Sin embargo, el evento principal era EXO. Cada miembro fue enviado al centro del estadio en unos *buggies* iluminados y se bajaron de ellos para reunirse en una formación impecable, con trajes blancos de Gucci con ribetes azul marino y rojo a juego (los colores de Corea del Sur). El baile en solitario de Kai y las actuaciones de *Power* y *Growl* fueron perfectas, a las que siguió una exhibición inmensa de fuegos artificiales. Los noticiarios retransmitieron fragmentos del acto por todo el mundo y tanto periódicos como páginas web se llenaron de críticas muy positivas. Ciertamente, EXO se había superado a sí mismo y había enorgullecido a su país y al K-pop.

Mientras los seguidores de otros grupos debatían sobre las alabanzas a los Elegidos de la Nación, las autoridades surcoreanas parecían muy contentas de que se reconociera el estatus de EXO. En abril, Suho, Baekhyun y Kai asistieron a una ceremonia oficial en la que los EXO fueron galardonados con medallas conmemorativas en agradecimiento a su contribución en la difusión mundial de la cultura coreana. También se los nombró embajadores de la Liga Superior de Béisbol en Asia, lo que confirmó su perfil internacional.

No obstante, algunos fans estaban impacientes por recibir noticias de su esperado *comeback* de verano, pero los chicos estaban muy ocupados. En marzo, llevaron la actuación de ElyXiOn a Singapur (en la que Baekhyun llevaba el pelo de color rosa flamenco y Kai respondió a los carteles de los seguidores diciendo: «No somos los Elegidos de la Nación, somos los elegidos de los EXO-L»), Tailandia y Filipinas. De vuelta a Corea, muchos de los miembros tenían trabajo en los escenarios, papeles en películas o televisión, o compromisos como modelos y, en China, Lay se había convertido en el juez principal de un concurso de *boybands*.

> **EXO at the Winter Olympics – full performance – Pyeongchang 2018 closing ceremony**
> Más tarde, Xiumin admitió que los miembros de EXO, a pesar de toda su experiencia en estadios grandes, temblaban de los nervios antes de entrar en la zona del escenario del estadio, aunque nadie lo hubiera dicho al verlos realizar una actuación impecable de sus dos mayores éxitos. Ver la secuencia completa, incluyendo el impresionante baile en solitario de Kai, ataviado con un traje *hanbok* tradicional, de un tema de música folk coreana, merece mucho la pena.

Los EXO-CBX también habían estado ocupados. No solo habían abierto la actuación en directo de SM Town en Dubái, sino que también habían protagonizado el anuncio para televisión del coche eléctrico SUV Hyundai Kona. Con Chen al volante, se podía ver al trío de viaje por la costa y los chicos eran igual de maravillosos que el paisaje. Hyundai publicó un vídeo musical de larga duración con un tema de fondo que presentaba la nueva versión de *Beautiful Country* del subgrupo, un éxito de 1988 del cantante Lee Sun-hee. El efecto EXO-CBX fue abrumador: ¡el fabricante de coches anunció que tuvieron que parar las reservas del Kona porque la respuesta había sido apabullante!

Tras abrirles el apetito a los seguidores con el vídeo de Hyundai, los EXO-CBX publicaron su propio *comeback*. Los avances sorprendieron cuando aparecieron Xiumin con un pelo azul neón que tan cuidadosamente había llevado oculto bajo una gorra (en algunas imágenes, aparecía también con el pelo rubio), Chen con su peinado caoba corto por delante y largo por detrás y Baekhyun con unos mechones plateados con los que parecía un ángel. Les hicieron fotografías rodeados de flores, un estilo que iba bien con el título del EP, *Blooming Days*. Se lanzó el 10 de abril de 2018 junto con el encantador vídeo musical del tema principal, *Blooming Day*, en el que el subgrupo actúa con movimientos hábiles y sincronizados, con un aire a la vez tierno y vulnerable mientras preguntan, una y otra vez, si pueden ser tu novio. Fue un verdadero regalo para los fans.

Para acompañar el lanzamiento, todos los días durante una semana EXO-CBX emitió un programa en V Live llamado *Mon Tue Wed Thu Chen Baek Xi*. Estos episodios de media hora tenían lugar en diferentes escenarios, pero, en todos, aparecía el trío divirtiéndose, hablando y respondiendo a las preguntas de los EXO-L. El tema semanal iba a juego con el concepto del EP, que cuenta la historia de un romance y que incluye siete canciones, una por cada día de la semana.

Su estilo varía desde el tranquilo R&B de *Monday Blues* hasta la maravillosa sensación de relajación dominguera de *Lazy*. Entre ellas, está el optimismo ligero de *Blooming Day* (un juego de palabras con el término coreano para el «martes»), la alegría del miércoles de *Sweet Dreams* y la improvisación lenta con ritmo de jazz de *Thursday*. La vibrante y pegadiza *Vroom Vroom* captura la emoción del viernes mientras que *Playdate* representa la diversión adorable y desenfadada de los sábados. Los temas funcionan en conjunto de una manera estilosa y sin complicaciones, con voces perfectas en un primer plano.

Era evidente que EXO-CBX era igual de querido que el grupo principal. El vídeo musical de *Blooming Day* tuvo más de tres millones de visitas en menos de veinticuatro horas y el álbum llegó a lo más alto de las listas de iTunes en la mayor parte de Asia, en muchos países europeos, en Centroamérica y en América del Sur, en los recientemente visitados Emiratos Árabes Unidos y por todo Oriente Próximo. Con respecto a Japón, los EXO-L locales estaban a punto de recibir un tratamiento especial.

El 9 de mayo, solo unas semanas después del lanzamiento de *Blooming Days*, EXO-CBX publicó un álbum en japonés con once temas entre los que aparecían las versiones japonesas de un par de ellos grabados previamente, junto a muchas canciones nuevas.

Era evidente que EXO-CBX era igual de querido que el grupo principal. El vídeo musical de *Blooming Day* tuvo más de tres millones de visitas en menos de veinticuatro horas. Titulado *Magic*, era una vuelta a las canciones de ritmo acelerado, de la que es ejemplo el tema principal, el *Horololo* animado por el baile, con estribillos coreados y raps improvisados. Entre los aspectos más destacados del vídeo que lo acompaña está el escenario de oficina que les permite a los tres ponerse trajes elegantes y también los explosivos números de baile que se intercalan.

El álbum contiene verdaderas joyas, incluyendo el himno festivo de apertura *CBX*, otra balada emocional con *Cry* (parte de la banda sonora del drama japonés *Final Life: Even If You Disappear Tomorrow*) y el tema de clausura, *In This World*, que ofrece un gran sonido y es un final auténtico. También hay actuaciones de los tres miembros en solitario: el *retro-bop* de Xiumin, *Shake*; el poderoso *Ringa Ringa Ring* de Baekhyun; y el *Watch Out* de Chen, un tema con el que vuelve a ejercer de «lobo aullador» y que destaca de verdad su habilidad vocal.

Entre mayo y junio, los EXO-CBX actuaron para unas 100.000 personas en ocho espectáculos por todo Japón al tiempo que el álbum subía al número uno de la lista japonesa Oricon. Mientras tanto, de vuelta a Corea, el subgrupo apareció en un nuevo *reality show* llamado *Travel the World on EXO's Ladder*, en el que exploraban la región costera japonesa de Tottori, aunque todos los EXO volverían pronto a Japón, ya que SM Town Live había programado visitar Osaka en junio.

Por otra parte, durante la primavera y principios de verano, hubo una acalorada polémica en Internet sobre si los EXO podían llamarse a sí mismos los Elegidos de la Nación, pero, en junio de 2018, la Organización de Turismo de Corea publicó un tuit que decía: «Se ha elegido a EXO como embajadores públicos del Turismo en Corea... Ahora, EXO promocionará a Corea por todo el mundo. ¡Estad bien atentos!». Sin duda, eran buenas noticias, pero lo que más apreciaron los EXO-L fue que el tuit de la Organización de Turismo de Corea también usara el *hashtag* #NationsPick. Era oficial y ya nadie podía discutirlo.

25

Aumentando el ritmo

𝒫ara el verano de 2018, los EXO no solo eran los Elegidos de la Nación, sino también los favoritos de millones de personas en todo el mundo. Esto se confirmó cuando en Twitter se llevó a cabo una encuesta oficial para ver qué canción debería cantarse en junio en la final de la Copa del Mundo de la FIFA en Moscú. *Power* de EXO arrasó hasta conseguir la victoria, superando a *Fake Love* de BTS (aunque finalmente se acordó que se tocarían las dos canciones, ya que la diferencia entre ambos resultados fue muy pequeña). El logro dominó las redes sociales: los EXO-L no cabían en sí de júbilo porque se hubiera presentado a sus chicos en el panorama mundial.

Ese mismo mes llegaron más pruebas del estatus global de EXO cuando *Monster* pasó de los doscientos millones de visitas en YouTube. *Call Me Baby, Ko Ko Bop, Growl, Overdose* y *Wolf* habían recibido más de cien millones, y eso sin contar las veces que se habían visto los vídeos en China, donde EXO seguía siendo el grupo de K-pop más popular. Las visitas de YouTube llegaban de todo el mundo. Indonesia, Tailandia y Estados Unidos estaban entre los tres primeros, con Corea del Sur en el cuarto puesto. Todo el mundo estaba representado: Brasil, Vietnam, México, Japón, Turquía, Rusia y el Reino Unido estaban entre los veinte primeros países que veían vídeos de EXO.

También a los Emiratos Árabes Unidos les gustaba EXO. En enero, EXO se había convertido en el primer grupo de K-pop en tener una canción en la lista de reproducción de la Fuente de Dubái. Recibiría un honor todavía mayor: en el Burj Khalifa, el edificio más alto del mundo, se proyectó un espectáculo de luz y

Ese mismo mes llegaron más pruebas del estatus global de EXO cuando *Monster* pasó de los doscientos millones de visitas en YouTube.
sonido de tres minutos en el que se oyó *Power*, el tipo de exhibición que se suele reservar a la realeza o a las celebraciones de Año Nuevo.

En nombre del grupo, Suho enseguida tendría la oportunidad de agradecer a los EXO-L todos sus logros recientes cuando EXO celebró los tradicionales conciertos adicionales que completan sus giras mundiales. The ElyXiOn [dot] tuvo lugar en julio durante tres días en el Gocheok Sky Dome en Seúl y en agosto, en dos conciertos en el Cotai Arena de Macao. Fue un verdadero placer para los EXO-L que acudieron y para los que se pusieron al día por Internet con las partes más destacadas.

El repertorio habitual de The ElyXiOn se adaptó para hacer hueco a varias canciones nuevas, como la primera actuación en directo de *Going Crazy* del álbum *The War*. Sin embargo, fueron las actuaciones individuales las que entusiasmaron de verdad. Sehun ofreció, para *JMT*, un espectacular baile en solitario; Chen dio vida a *Years* solo con su propia energía y su carisma; y Xiumin, que estaba adorable con sus gafas a lo Harry Potter (de las que se deshizo cuando la cosa se animó), tuvo por fin el escenario para él con su versión de *Beyond*, que incluía una coreografía nueva junto a muchos bailarines.

Baekhyun se paseó por el escenario como un modelo con su impresionante traje rojo y negro de Dior Homme, bailó como un demonio y cantó como un ángel en *Psycho*, un tema que nadie había oído hasta entonces. El vídeo de la actuación se hizo viral mientras los seguidores le suplicaban que publicase la canción. Luego, vinieron Chanyeol y Suho. Con una apariencia refrescante y ganas de pasarlo bien, ofrecieron un espectáculo fantástico. Su dúo, *We Young*, fue un verdadero placer para el público, con voces melódicas y rap, acompañados de la coreografía más cautivadora. Al menos, los fans solo tendrían que esperar un mes para que saliera en SM Station y se lanzara el vídeo.

Por su parte, los EXO-L dieron color al concierto creando su propio código de vestimenta para las actuaciones de Seúl. Después de haber hablado del asunto en Twitter, decidieron vestirse con colores que fueran a juego con los lanzamientos de 2017: el primer día, rojo por *The War*, azul por *The Power of Music* y blanco y negro por *Universe*. El efecto cogió tan por sorpresa a los miembros del grupo que estos enviaron a Chanyeol al borde del escenario para que preguntara a los fans qué estaba pasando.

No obstante, no hubo nada más en 2018. Era casi agosto y todavía no había noticias del *comeback* de EXO. Suho abordó el tema cuando la actuación llegó a su fin. Dijo que, después del concierto, los fans solo podrían ver al grupo en las redes sociales y entendía que buscaran pistas a la desesperada. Baekhyun (¿quién, si no?) dio un salto hacia delante y gritó: «¡La semana que viene!». Suho le miró y Baekhyun siguió: «¡... ya es agosto!». ¿Estaba el bromista habitual de EXO haciendo de las suyas o quizás estaba dando pistas?

Durante el verano, los rumores corrieron por todo el mundo. El nuevo emoticono de su cuenta de Twitter, una versión amarilla y negra del logo hexagonal del grupo, ¿indicaba que estaba pasando algo? ¿Era importante que SM hubiera reactivado la cuenta de Twitter de *Pathcode* 2015 el 27 de julio, el mismo día del eclipse lunar total (porque ya sabemos que a EXO les encantan los eclipses)? ¿Cantarían nuevos temas en el concierto Japanese A-Nation en agosto? Los EXO-L estaban entusiasmadísimos, pero la respuesta a todo lo anterior fue negativa. El 10 de septiembre de 2018, habían transcurrido ya 348 días: la misma cantidad de tiempo que en la ya legendaria interrupción entre su debut y *Growl*.

A los EXO-L les gusta decir que EXO estuvo «retenido en la mazmorra de SM» durante los años 2012 y 2013, pero ya no temían que volviera a suceder. Estaban ahí fuera. Lay cautivaba a América con *Sheep*; Suho estaba en los escenarios de Seúl con el musical *The Man Who Laughs*; el subgrupo EXO- CBX celebró *Summer Vacation With EXO-CBX*, un encuentro de preguntas y respuestas con los fans que duró un fin de semana entero; Chanyeol fue el centro de atención en el desfile de moda de Tommy Hilfiger en Shanghái; y Kai mostró por primera vez su peinado corto por delante y largo por detrás, rapado por los lados, en la primera fila de la pasarela del desfile de moda de primavera de Gucci de 2019 en París. Con razón no tenían tiempo para un *comeback*.

El 12 de septiembre de 2018, SM Entertainment confirmó que ese mismo día EXO estaba grabando un vídeo y que el *co-*

meback era inminente. Los EXO-L suspiraron de alivio y luego empezaron a emocionarse: #*EXOComingSoon* se convirtió en la sexta tendencia más importante de Twitter en todo el mundo. Una semana más tarde, Baekhyun y Sehun, presentando su programa de videojuegos *SM Super Idol League* con Chen como invitado especial, bromearon con que su *comeback* se había cancelado. Los EXO-L les rieron la gracia, pero estaban nerviosos.

El 12 de septiembre de 2018, SM Entertainment confirmó que ese mismo día EXO estaba grabando un vídeo y que el *comeback* era inminente.

La fecha de lanzamiento del quinto álbum completo de EXO, *Don't Mess Up My Tempo*, se confirmó para el 4 de noviembre y el logo de EXO se había transformado en el velocímetro de una moto. El anuncio también incluía la noticia de que Lay había participado en la grabación de la versión china del tema principal del próximo álbum y también aparecería en el vídeo musical. Sería su primera vez en un álbum de EXO desde *For Life*, en 2016.

La diversión empezó el 21 de octubre cuando SM emitió un avance de treinta segundos que presentaba a los miembros como una banda de moteros consumados, con Lay de rubio incluido, en el que aparecían pensativos e inquietos con sus cazadoras de cuero. El tema de fondo era *I Can't Believe* a todo volumen, seguido de una serie de dramáticos acordes sintéticos que terminaba con un ritmo martilleante. A continuación, llegaron avances diarios a YouTube, en cada uno aparecía un miembro con su atuendo de motorista. Al mismo tiempo, en la página web de SM aparecía la nueva versión de acertijos de *Pathcode*, llamados *Circuit EXO*, un juego interactivo que cada día mostraba imágenes del miembro elegido.

Las fotos hicieron que mereciera la pena participar en el juego, aunque las publicaron pronto en Instagram. Eran suntuosas, ingeniosas y muy elaboradas. Se les veía duros con su ropa de motorista, soñadores con sus jerséis y chaquetas suaves y con una belleza clásica en blanco y negro. Para muchos EXO-L eran pura perfección: fuera cual fuera su *bias*, ya podían morir felices.

El día antes del lanzamiento, las reservas superaban el millón de copias (batieron su propio récord) y EXO celebró un concierto por su *comeback* en la plaza del complejo turístico Paradise City, en Incheon. Allí hablaron sobre el álbum, el vídeo, sus planes de futuro (un *reality show* de viajes en el que aparecería todo el grupo) y cantaron algunos de los temas nuevos. Al terminar, lanzaron un mensaje reconfortante: «¡Gracias por estar siempre con nosotros, queridos EXO-L! Agradecemos cada momento que vivimos con vosotros. Vayamos adónde vayamos, estaremos en el paraíso si EXO y EXO-L permanecen juntos». Retransmitido en directo por V Live, atrajo a más de seis millones de espectadores (¡y casi dos mil millones de «corazones»!) y establecieron un récord al ser la retransmisión de V Live más vista y que más había gustado.

El vídeo del nuevo sencillo, llamado simplemente *Tempo*, resultó que tenía muy poco que ver con las motos. No obstante, sí estaba compuesto por el resto de los elementos: una coreografía brillante, estilismo exquisito, humor travieso y, siendo un vídeo de EXO, un argumento enigmático. Con pinceladas de rojo y negro en escenarios fastuosos, un montaje en zigzag les presentaba con una variedad de ropa casual, informal, militar y algo desaliñada. El jersey corto de Kai, las lentillas azules de Chanyeol y el cuello alto y la cadena de Suho llamaron la atención tanto como los mechones rubios de Chen, el pelo despeinado de Xiumin y el pelo negro de D.O., el plateado de Chanyeol y el rojo intenso de Sehun que tanto gustó a los EXO-L. Aun así, estos tuvieron que ver la versión china para disfrutar de la aparición completa de Lay, ya que solo salía durante unos segundos en la versión coreana, pero valió la pena. Había vuelto, no cabía duda, aunque fuera fugazmente, y estaba perfecto con ese pelo oscuro que le caía seductoramente sobre un ojo.

La canción en sí misma, que trata sobre la ansiedad que causa que un amor perfecto pueda salir mal, es una mezcla de estilos que, de alguna manera, se unen en un *bop* triunfante. Cambia de ritmo mezclando letras *funky*, algo de su mejor rap, armonías a capas, distorsiones de *autotune* y hasta un sublime dúo a capela de Suho y Baekhyun. Es una canción clásica de EXO, fresca y atrevida en un intento por diferenciarse, integrada por el talento supremo de los vocalistas y teniendo como base unos estribillos pegadizos.

> **EXO - 'Tempo' on Show! Music Core**
> Debido a la cancelación de las actuaciones por las eliminatorias de béisbol, EXO solo promocionó *Tempo* en dos programas, *Music Bank* (donde ganó dos veces) y *Show! Music Core*. Sin embargo, cuando tuvieron la oportunidad, exhibieron una coreografía increíblemente dinámica, con una gran ferocidad, todos golpeando y apretando los puños, pero también cierta cursilería, con *dabs* y olas. En una entrevista en el programa *Happy Together*, Suho dijo que, de todos sus bailes, este era el que tenía menos descansos, mientras que Kai reconoció que terminaba la actuación con la respiración entrecortada.

Una vez más, EXO había doblado su récord anterior de visitas en un vídeo de YouTube en veinticuatro horas. En un día, *Tempo* había superado los diecisiete millones de visitas. El álbum *Don't Mess Up My Tempo* se publicó en tres versiones físicas al mismo tiempo: *Allegro*, *Moderato* y *Andante* (más tarde se lanzó una edición limitada, *Vivace*, en la que Lay salía en los extras de los álbumes de fotos y en las tarjetas). Sin embargo, esta vez no hubo edición china del álbum.

Don't Mess Up My Tempo presenta once canciones, incluyendo la versión china de *Tempo*, y cada uno de los superpoderes originales de los miembros del grupo está representado por una canción del álbum. No es posible generalizar la reacción de millones de EXO-L en todo el mundo, pero la sensación de la gran mayoría es que EXO había vuelto a subir el nivel y había hecho su mejor álbum hasta la fecha.

Entre los temas favoritos están *Sign* (que refleja el poder de Chanyeol sobre el fuego), con un ritmo fuerte y un rap genial entre las melodías dulces de D.O. y Baekhyun; *Ooh La La La* (en la que se intuye el teletransporte, el poder de Kai), con esa sensación de frescura latina que inspiró una coreografía hipnótica que se bailó durante las promociones y en el vídeo del ensayo; y la marchosa *Gravity*, una canción *dance* irresistible con la letra compuesta por Chanyeol que refleja el tema de la fuerza (el poder de D.O.).

Chanyeol también participó en la composición de la letra y la música del vertiginoso pero agradable tema de R&B, *With You*. Aunque la canción representa el poder luminoso de Baekhyun, el rapero dijo que estaba pensando en sus seguidores cuando escribió el tema. Explicó que la letra trata sobre cómo las personas se parecen cada vez más a aquellos a los que quieren y cómo él, los demás miembros del grupo y los fans se han ido haciendo más íntimos. Los EXO-L también fueron el tema de *Smile On My Face* (la canción curativa de Lay), con el mensaje de que no se debe estar triste al separarse. «Mientras la cantábamos, pensábamos en los EXO-L», dijo Suho.

La sensación de la gran mayoría de los fans es que EXO había vuelto a subir el nivel y había hecho su mejor álbum hasta la fecha.

El álbum presenta una mezcla de estilos de gran calidad: *Bad Dream* se distingue por sus gloriosas armonías; *Damage* defiende el hip-hop; *24/7* es una pieza clásica lenta de EXO en la que actúan todos los miembros y la línea vocal realiza un increíble falsete; y *Oasis*, la última canción, es muy parecida a la favorita de los fans, *El Dorado*, ya que tiene un ritmo hipnótico y unas letras etéreas similares.

No fue una sorpresa que con este álbum consiguieran un nuevo título: «vendedores de un millón de copias por quinta vez», una hazaña que *Billboard* consideró «astronómica en la era del *streaming*». El álbum también alcanzó el primer puesto en la lista mundial de álbumes de iTunes y obtuvo el vigesimotercer puesto en la *Billboard 200*. Debutó como número uno en las listas de iTunes en cuarenta y seis países. Llegó a la cima de la lista coreana Melon y de la china Xiami Music y colocó a EXO como el primer grupo en pasar de los diez millones de ventas totales de álbumes en Corea del Sur. ¡Creo que puede considerarse todo un éxito!

Por supuesto, EXO todavía no había acabado. El 3 de diciembre se reveló un logo nuevo: la insignia del grupo en forma de diamante. Iba a haber una reedición. Tras un par de avances, el 13 de diciembre se publicó *Love Shot*. La canción, que trata sobre redescubrir el significado del amor, fue escrita entre Chanyeol y Chen. Con un ritmo totalmente contagioso, este era el único tema desenfadado con aire *trap* de EXO. Tocaba todas las teclas correctas, con rap y armonías suaves, un estribillo de acompañamiento

«*Na, na, na*» y el canto de sirena de Baekhyun como nexo, así como algunos efectos de sonido característicos de EXO entre bastidores. El vídeo, grabado con un brillante estilo de película en alta definición, presenta un atraco tipo *Ocean's Eleven*, que permite a los miembros lucir tanto un aspecto casual como elegantes trajes a la moda (algunos de ellos con el torso desnudo bajo las americanas).

El álbum reeditado, también titulado *Love Shot*, presenta el sencillo y su versión en chino (grabada sin Lay, desafortunadamente) y otros dos temas nuevos. *Trauma* es una pieza de R&B elaborada de una manera magnífica que trata de cómo superar las penas de amor (prueba la versión 8D con auriculares, ¡las voces pasan de un lado a otro dentro de tu cabeza!) mientras que *Wait* enfrenta las voces en solitario y las armonías con una pieza instrumental simple de guitarra acústica formando otra canción tierna y emotiva. Estos temas extra no son para nada de relleno, son la prueba de que todo lo que publica EXO está hecho para disfrutarlo.

En cuestión de horas, *Love Shot* estaba en lo alto de las listas de iTunes en sesenta territorios diferentes. Además de los bastiones típicos en el sudeste asiático, Oriente Próximo y América del Sur, EXO se había ganado un lugar en el corazón de los amantes de la música en Norteamérica, en África (desde Camerún hasta Etiopía), en Europa (desde Bielorrusia hasta los Países Bajos) y por toda Asia (desde la India hasta Mongolia). Era verdaderamente sorprendente. Mientras otros grupos de K-pop hacían ruido solo en Estados Unidos, ¡EXO había conquistado el mundo entero!

Para los EXO-L, el inicio de 2019 fue agridulce. El año anterior había acabado estupendamente. El *comeback* y la reedición habían sido un éxito, Lay había demostrado que seguía siendo leal al grupo, a pesar de que su carrera profesional hubiera despegado en China, y todos los miembros habían demostrado su talento dentro y fuera del grupo. Pero se acercaba un nubarrón: el servicio militar.

En Corea, todos los hombres tienen la obligación de alistarse en el ejército a los veintiocho años. Esta ley se aplicará a Xiumin en 2019 y al resto de los EXO en los años sucesivos. Los EXO-L no perderán la fe, claro está. Apoyaron a su grupo cuando les llovieron las críticas tras su debut; estuvieron con ellos cuando se fueron Kris, Luhan y Tao; y esperaron con paciencia (en su mayoría) su *comeback* en 2018. Los EXO-L saben que este grupo excepcional de jóvenes con talento puede conquistar las adversidades y resurgir con más fuerza aún. Y EXO sabe que sus fans estarán con ellos pase lo que pase. A fin de cuentas, como siempre han dicho: «SOMOS UNO».

Glosario

*E*l K-pop cuenta con sus propios aspectos culturales y su propia terminología, por lo que puede que desconozcas ciertos vocablos y conceptos. A continuación encontrarás una referencia de algunas palabras coreanas y de otras específicas del K-pop que se han usado en este libro.

Aegyo: demostración de ternura mediante expresiones faciales o el lenguaje corporal.

All-kill: entrada de una canción de manera simultánea en el número uno de varias listas. Por lo general, nada más ser publicada.

Beagle: nombre dado a un *idol* del K-pop que es hiperactivo, alborotador y travieso.

Bias: miembro favorito de una persona dentro de un grupo.

Bias wrecker: componente de un grupo que hace algo (bueno) que te lleva a cuestionar tu *bias* o a cambiarlo.

Big three: las tres empresas de entretenimiento más importantes, con mayor éxito y que dominan la industria del K-pop: YG Entertainment, SM Entertainment y JYP Entertainment.

Bonsang: galardón que se les concede hasta a doce grupos diferentes en una ceremonia de premios (menos prestigioso que un *daesang*).

Tableta de chocolate: músculos abdominales definidos que parecen divididos en varias secciones y que, por lo tanto, recuerdan a una tableta de chocolate.

Comeback: lanzamiento de un nuevo sencillo, miniálbum o álbum de un artista que se promociona en televisión.

Daesang: prestigioso «gran galardón» en una gala de premios que se entrega al artista, a la canción o al álbum del año.
Debut: primera actuación de una banda (normalmente en televisión). El lanzamiento oficial de un grupo es una oportunidad crucial de causar buena impresión en el público.
Fandom: del inglés «*fan domain*», incluye todo lo relacionado con una comunidad de fans, desde los clubs hasta los foros en línea.
Hallyu: referencia a la Ola coreana; interés creciente por la cultura surcoreana que se ha extendido por todo el mundo en el siglo XXI.
Hoobae: persona con menos experiencia en un trabajo, en la escuela o como *trainee*.
Hyung: marca coreana de respeto que un hombre le dedica a un amigo íntimo varón o a un hermano mayor que él. Puede aparecer junto a o combinado con el nombre, como en «Junmyeon-Hyung».
Idol: artista de K-pop popular y comercial.
Ipdeok: convertirse en fan. Los *ipdeok idols* atraen a personas para que se unan a un *fandom*.
Line: palabra utilizada para unir a varios miembros de un grupo o a varios amigos. A menudo se usa con los años (por ejemplo, 95-*line*) para unir a componentes de un grupo nacidos en un mismo año o junto a designaciones colectivas como «rap *line*» o «*vocal line*» (línea vocal).
Maknae: miembro más joven; como tal, puede hacer el tonto o ser travieso, y se espera que sea adorable.
Nugu: un «don nadie». Se utiliza en K-pop para insultar a grupos o *idols* que no son populares.
Rookie: grupo que ya ha debutado, pero que aún está en su primer (o, a veces, segundo) año.
Sasaeng: admirador ferviente considerado demasiado obsesivo y que, a menudo, acosa o invade la privacidad de sus *idols*.
Selca: selfi.
Ship: relación romántica o platónica.
Shipping: emparejar; unión romántica o platónica (normalmente imaginaria) de *idols* o personajes creada por seguidores.
Stan: fan entregado y apasionado. También se usa como verbo en el sentido de «ser fan».

Streetcaster: agente de una compañía de entretenimiento que busca posibles *trainees* en zonas públicas.

Subgrupo: pequeña banda formada por miembros de otro grupo mayor. Puede ser para un proyecto puntual o para formar una banda permanente, como EXO-CBX.

Sunbae: persona con más experiencia en un trabajo, la escuela o como *trainee*.

Trainee: joven artista que ha firmado con una compañía de entretenimiento para que lo formen en baile, canto y otras artes escénicas con el propósito de convertirlo en *idol*.

Ulzzang: con buena presencia; hace referencia a aquellos que ganan reputación por su belleza gracias a las fotografías que se suben a Internet.

Visual: miembro de un grupo considerado el más guapo o bien integrante al que incluyen en un grupo por su apariencia.

Weibo: red social china parecida a Twitter (aunque con el doble de usuarios).

Agradecimientos

Ha sido divertidísimo investigar y escribir la historia de un grupo tan interesante y con tanto talento como EXO, pero no lo habría conseguido sin el apoyo de muchas otras personas. Quiero agradecerle a Becca Wright su entusiasmo, su revisión y su ayuda en todo el proyecto, así como a Louise Dixon, Monica Hope, Richard Rosenfeld, Mark Bracey, Ana Bjezancevic, Alara Delfosse, Evangeline Sellers y a todo el equipo de Michael O'Mara Books. Me gustaría también darle las gracias a Nora Besley por informarme constantemente de las novedades de EXO y el K-pop en general, a Lisa Hughes por la lectura diligente de los borradores y a los miles de EXO-L de todo el mundo que siguen documentando y traduciendo cada detalle del camino meteórico de este grupo.

Créditos de las fotografías

Página 1: VCG / VCG mediante Getty Images (superior); Ten Asia Premium / Multi-Bits mediante Getty Images (central); Philippe Lopez / AFP / Getty Images (inferior).
Página 2: Han Myung-Gu / WireImage / Getty Images (superior izquierda e inferior derecha); Ilgan Sports / Multi-Bits mediante Getty Images (superior derecha e inferior izquierda); Imaginechina / REX / Shutterstock (central).
Página 3: VCG / VCG mediante Getty Images (superior izquierda); © Pasya / AFLO / Alamy Stock Photo (superior derecha); Han Myung-Gu / WireImage / Getty Images (inferior izquierda); The Chosunilbo JNS / Multi-Bits mediante Getty Images (inferior derecha).
Página 4: Han Myung-Gu / WireImage / Getty Images.
Página 5: VCG / VCG mediante Getty Images (superior); Ilgan Sports / Multi-Bits via Getty Images (inferior).
Página 6: Ilgan Sports / Multi-Bits mediante Getty Images (superior); https://www.youtube.com / mang2goon / licencia CC BY 3.0 (inferior).
Página 7: © Lee Jae-Won / AFLO / Alamy Stock Photo (superior); Young Ho / SIPA USA / PA Images (inferior).
Página 8: Newscom / Alamy Stock Photo (superior); Maddie Meyer / Getty Images (inferior).

Índice onomástico

La ubicación principal de las entradas aparece señalada en **negrita**. Los títulos de las canciones pertenecen a la banda, a menos que se indique lo contrario.

Airport Era (la Era del Aeropuerto) 31
20 Once Again 103
All My Loving (The Beatles) 49
Angel 16, 25, 40, 83, 197
artes marciales 15, 27, 48, 105-106, 162
Artificial Love 141, 144, 161
Asociación Económica y Comercial entre Corea y China 194
Attack on the Pin-Up Boys 38

B.A.P. 29-30
Baby Don't Cry 18, 34, 40, 83, 90, 102, 105, 168, 185
Baekhyun **82-87**; atrae atención 25; aumenta de estatura 84; Chanyeol y 49, 84, 118; Chen y 10, 59, 83, 130, 156; *El Dorado* 84, 92; habla cantonés 109; himno nacional cantado por 87, 200; línea de moda 87; personalidad de 56, 87; primera aparición 17; sentido del humor 84-85; Taeyeon y 76-77, 127; trabajos fuera de EXO 87; vestido de mujer 157; *What Is Love* 16, 18, 21, 83
Baek-Il 20
bandas sonoras 41, 121, 123, 152
baozi 27, 54, 56
beagle liners 10
BeatBurger 56
Beautiful 17, 40, 41, 87, 92
Beautiful Accident 41, 121

Benjamin, Jeff 46,125
Beyond (Xiumin y BeatBurger) 206
Big Issue, The 169
Billboard 46, 48, 64, 72, 120, 138, 145, 179, 190, 211
Billboard Music Awards 32
Black Pearl 16, 34, 79, 102, 119
BLACKPINK 171
Blade & Soul 162
Boyfriend (Justin Bieber) 109, 153
Boys Over Flowers 69
Breath (SM The Ballad) 61, 121
BTS 136, 142, 159, 171, 193, 205
Budista 40
Burberry 100
Busker Busker 30

Call Me Baby 9, 91-93, 95, 125, 138, 144, 153, 185, 205
Carrillo, Álvaro 78
Coming Over 159
Copa del Mundo (2018) 205
Corea del Norte 47, 200
Countdown 199
Chan, Jackie 106, 108
Changsha 27, 66-67
Chanyeol **132-140**; apodos 133, 136; Baekhyun y 49, 83, 118, 135; batalla de rap 21; belleza de 18; composición de canciones 137; Halloween 139; instrumentos que toca 137; logo de EXO y 138; presentador de *reality show* 136; tatuajes 129, 139
Chen **116-123**; apodo 119-120;

Baekhyun y 10, 59, 83, 130, 156; bandas sonoras 134; *Breath* y 61; composición de canciones 120; disfrazado 117; foto en la cama 33; habilidad vocal 24, 119; popularidad de 118-119; regreso de 17; vocalista chino 16; peinados 122-123; Xiumin y 18, 52
Chen, Edison 118
China: Asociación Económica y Comercial 194; consecuencias de la salida de los miembros chinos 108; EXO en 20, 45, 62; EXO-M en 76; la fama de Lay en 67, 128-129; la fama de Luhan en 102; lanzamiento simultáneo en 15; Liga de la Juventud Comunista 71; relaciones con Corea del Sur 67, 180, 190;

D.O. **148-155**; atributos 152; Baekhyun imita a 83; falta de popularidad inicial de 152; fallo por los nervios 21; habilidades con el lenguaje 152-153; habilidades interpretativas y créditos 154-155; habilidades vocales 152-153; lesión 47; origen del nombre 149; otros trabajos 152; primera aparición 17; recibe atención 22; *What Is Love* 14, 18
daesangs 58, 61, 79, 114-115, 159, 162, 196
Damon, Matt 103
de Castro, Noli 180

Día de los Inocentes 126
Diesel, Vin 100
Dinner (Suho y Jang Jae-in) 42
Disneylandia 28
Don't Mess Up My Tempo
208, 210
Dream Concert 28, 32

eclipses 17, 191, 207
Estados Unidos 12, 14, 64, 71,
  72, 100, 113-114, 124-126,
  142, 175, 191, 198, 205, 212
El Dorado 18, 84, 89, 90, 92,
  136, 211
Electric Dream 199
eomaya 113
Esquire 40
Estadio Internacional Mata
  Elang, Yakarta 23
Estadio Olímpico, Seúl
Estadio Olímpico, Seúl 176
  (*véase también* Jamsil Stadium)
Eve, The 84, 189, 191
Ex'Act 129, 140-143, 162, 189
EXO Channel 109
EXO Next Door 41, 87, 94,
  138, 187
EXO Tourgram 175
EXO: banda K-pop número uno
  50; cartel 18; como embajadores de marcas 128; debut
  20-26; después de Kris 73, 76;
  después del debut 27; disfraces
  de animales 127; dormitorios
  compartidos 75; fans en el
  escenario 74; joya de la corona
  de SM 177; Juegos Olímpicos
  de Invierno 2018 200, 202;
  K y M aparecen juntos 28;
  logo 14, 17, 33, 58, 91, 129,
  137, 141, 178, 191, 193, 207,
  208, 211; los miembros tocan
  con otros grupos 28; Luhan
  abandona 77; números uno
  en las listas 35, 45, 60, 64, 95,
  211; otras actividades de los
  miembros 61, 74, 128; peinados 49, 153, 178, 203; premios
  27, 30, 44, 46, 61, 87, 114, 160,
  162, 199; primer lanzamiento
  japonés 110; primera canción
  compuesta por los miembros
  97; primera vez que se ve a
  EXO 16; programas de variedades 45; uniformes escolares
  33, 43; uso de álbumes físicos
  91; versos mal entendidos 31;
  EXO90 77
EXO-CBX: actividades varias

157, 162, 207; éxito japonés
  176-177; gira Magical Circus 86; lanzamiento de 122;
  origen del nombre 15; salen a
  escena 85
Exodus 70, 90-92, 96, 109,
  114, 137
EXO-K: cartel 18; debut 20;
  después del debut 28, 29;
  dificultades en la primera
  actuación 22; número uno en
  Corea 25; pago con arroz 29;
  presentación de 13; triplete en
  Inkigayo 64
EXO-L *ver también exotics*;
  amor entre el grupo y los
  fans 96; cariño de Baekhyun
  por 86; código de vestimenta
  207-208; comunicado de 76;
  Chanyeol y 109; dedicación
  del grupo a 114; proyectos
  solidarios y donaciones de 174
*Exology Chapter 1: The Lost
  Planet* 41
EXO-M: aclaración sobre el
  lenguaje chino 23; cartel 18;
  China y 22, 108; debut 19,
  21; Kris y 98, 99; número
  uno en China 25; premios
  30; presentación de 15; Super
  Junior y 22
Exomentary 140 ,187
EXOPlanet#2: The 108
EXO'luXion 89-90, 108, 110,
  114-115, 124-127, 143-144,
  168, 176, 184-185
EXOPlanet#3: The 143
EXO'rDIUM 70-71, 119, 143-
  144, 146, 156, 158, 161, 168,
  170, 174-176
EXOPlanet#4: The ElyXiOn
  194, 197, 199
Exotics, ver también EXO-L;
  Airport Era (la Era del Aeropuerto) 31; Dream Concert
  28; gran comunidad de seguidores de EXO 26; nuevo club
  de fans 76; palabras y frases
  acuñadas por 50
Filipinas 142, 174, 180, 201
Fluttering India 41
For Life 70, 160, 174, 185, 195,
  208
Fuente de Dubái 198, 205

Gangnam 37
Gangnam Style (Psy) 124
Garlic Girls surcoreanas 200
gira Lost Planet 40, 76, 78, 152

Girls (EXO-CBX) 176
Girls' Generation 12, 28, 38, 60-
  63, 74-75, 83, 99, 124, 135
Global Chinese Music Chart 64
Glory Day 42, 128
Go Fighting 70, 129
Gocheok Sky Dome, Seúl 109,
  153, 186, 194, 206
Growl 9, 45-48, 58-59, 61-62,
  78, 105, 136, 201, 205, 207
Growl (álbum), ver también
  XOXO 122, 153, 185
Guan Xiaotong 103
Gucci 170, 201, 207

HaHaHa Song (TVXQ) 38
Halloween 139
hallyu 14, 29, 108, 109, 124
Happy Camp 27, 45, 75, 133
Heart Attack 35, 102, 119
Hey Mama 85, 122, 157, 177
Hey Mama (álbum) 158
History 18, 21, 22, 25, 28, 32
hombre más guapo (Asia) 47
Honda Center, Anaheim (Canadá) 28
Hug 34, 35
Hunan TV 68
Hyundai 202

I Need U (Lay) 67
I Want to Fall In Love (Kim
  Jo-han) 40
In the Heights 120
Indonesia 23, 27, 64, 126,
  142, 193, 194, 205
Infinite Challenge 146
Inkigayo: Comité Olímpico
  Internacional 87; consejo
  de Leeteuk 22; encuentro
  sorpresa con los seguidores
  34; grupo disfrazado de Papá
  Noel 114; *Into Your World* 14,
  23; K y M juntos 28; nerviosismo de la banda 19; Suho y
  Baekhyun presentan 41, 86;
  triplete de EXO-K 64

Jackson, Michael 12, 68, 72,
  91, 198
Jamsil Stadium, *ver también*
  Estadio Olímpico 176
Jang Jae-in 42
Japón 14, 23, 78, 86, 106, 110,
  114, 142, 158, 159, 176, 197-
  199, 203-205
Jeju, isla de 62
Jennie 171, 172
Jonghyun 38, 41, 43, 61, 68, 92,
  119, 121, 184, 197

Juegos Olímpicos de Invierno (2018) **200-202**; concierto especial 193; EXO-K 11 y 26; Kai y 165, 168
JYP Entertainment 53, 102, 165

Kai **165-172**; avances 15-16, 167; *Baby Don't Cry* 21; bailes en solitario 18; créditos como actor 170; destreza en el baile 165-168; éxito instantáneo 21; introvertido y extrovertido 165; Jennie y 171-172; Krystal y 127, 171; lesiones 21, 145-146, 168; líder aparente 16; portadas de revistas 169-170; MAMA 2017 169; trabajos de moda 170; vídeo original en YouTube 15
KCON 29, 48, 124
Key 25, 29, 120
King of Mask Singer 117, 120
Kinjaz, The 193
Kiss 34, 42, 197
kkaebsong 50, 84
Knowing Brothers 84
Ko Ko Bop 9, 85, 120, 137, 138, 178, 179, 180, 186, 190, 191, 205
Korean Popular Culture and Arts Awards 193
K-pop: equipo de gestión de los grupos 13; formación para 83; *hallyu* y 108; naturaleza competitiva del 27, 43; naturaleza de los grupos 12; parejas de los miembros del grupo 76-77; subgrupos 156
Kris **96-99**: abandona el grupo 39, 65, 72, 74, 93, 98; aclaración sobre el lenguaje chino 24; batalla de rap 21; carrera como actor 98-99; demanda 65, 98; estilo alienígena 24; éxito instantáneo 21; mayor 18; Tao y 106; primera aparición 17
Krystal 61, 127, 171
Kung Fu Yoga 70, 108, 110
Kwon Soon-wook 126

La guerra de las galaxias 110, 111
Last Kiss, The 42, 197
Lay: **67-72**: autobiografía 72; carteles en Times Square 158; ciudad natal 27; clubs de fans 69; composición de canciones 72; disculpa sumida en lágrimas 112; fama en China 67-70, 128-129; Michael Jackson y 66, 70; origen del nombre 69; primera aparición 16-17; primera toma de contacto con el éxito 67; reducción de actividades con EXO 71, 177; se solapan horarios de grabación y conciertos 112; trabajos en películas y televisión 68-69; último miembro chino 108
Lee Soo-man: apodo 14, 19, 22, 38, 177; discurso en Stanford 14; estrategia de comercio 13-14; estrategias de negocios 13; invención del K-Pop 10
Leeteuk 21, 23, 39, 41
Let Out the Beast 17, 34, 144
Libro Guinness de los récords 103
Liga Superior de Béisbol, Asia 201
Lightsaber 110-113, 137,144
línea Gyeonggi-do 156
Little Anthony and the Imperials 178
Lollapalooza 71
Los Ángeles 28, 48, 124, 125, 155, 175, 176
Lose Control (Lay) 71
Lotto 84, 120, 145, 146, 176, 186
Love Concert, Seúl 40, 47, 153, 169
Love Me Right 70, 84, 95, 112
Love Me Right: Romantic Universe 96, 108, 109, 110, 112
Love Shot 120, 137, 155, 169
Lucky One 129, 141, 157
Luhan **102-103**; abandona EXO 78; *Baby Don't Cry* 102; chico nuevo en el colegio 47; le echan de menos los fans 102; popularidad en China 76; primeras apariciones 15; Sehun y 22; voces del primer grupo 16; voz impresionante de 23

M Countdown 34, 44, 47, 60, 65, 93, 95, 142, 146, 162, 191, 192, 193
Machine 105
Madame Tussauds 71
Magical Circus 86
maknae 10, 13, 22, 43, 50, 54, 105, 106, 140, 161, 166, 167, 177, 182, 183, 184, 185, 186, 188, 215
Mama 21-25, 28-30, 39, 44-47, 58, 60, 79, 87, 89, 111, 114, 159-160, 168-169, 171, 184, 196

MAMA (Mnet Asian Music Awards): *daesangs* 78; Kai en solitario 169; mejor momento de la banda 45; otra gran actuación 160; premios más conocidos 29
Mama: actuación destacable 28; coreografía perfecta 22; nervios en la promoción de 43; primera actuación en directo de 20; reedición 173; significado de 23; SM World Tour 28; tema principal en el EP 25
Man Woo Jeol 128
Manchester United FC 55, 103
Meteor Garden 69
México 64, 78, 124, 142, 175, 176, 193, 205
Minho 38, 41, 184
Miracles in December 58-60, 119, 152, 198, 205, 206, 168, 185
Monster 9, 85, 129, 130, 131, 141-146, 151, 160-162
Moon Ga-young 94
Moon Jae-in 194, 200
Moonlight 63
Moonrok 12
Most Beautiful (Yu Quan) 23
MTV 12
Music Bank: superpoderes de la banda 130; especial México 175; *Sabor a mí* en 80; *Growl* en 46; *The Winter's Tale* en 80
Music Core 44
My Lady 15, 34, 70, 102, 119
MyMusicTaste 125

Namanana (Lay) 71-72
NappyTabs 130
Nosedive 121, 122
nugus 26

Olympic Gymnastics Arena, Seúl 89, 114, 126, 142
Olympic Handball Gymnasium 31
Organización de Turismo de Corea 204
Our Tomorrow (Luhan) 103
Oven Radio 59
Overdose 61-64, 73, 78-79, 90, 98, 130, 205

París 171, 207
Park Yoo-ra 133
Pathcode 90, 207-208
Piratas del Caribe 40
Power 9, 85, 123, 192, 193, 195, 198-199, 01, 205, 206

premio a Artistas Revelación 22
Premios Mengniu Music Chart 22
Privé 87
Problematic Man 37
Produce 107
programas de variedades 27, 70, 75, 146
Promise 40, 70, 96, 108, 120, 126, 137
Psy 124

Punch 121, 128, 138
rapero 10, 13, 18, 52, 56, 57, 72, 83, 85, 87, 105, 106, 118, 133, 134, 137, 142, 169, 184, 211
redes sociales 10, 14, 22, 25, 31, 44, 75, 108, 125, 127, 171, 205, 207
Reloaded (Luhan) 103
Reservoir Idols 156-158
Riley, Teddy 91

Sabor a mí 78, 152, 175
Sakuraba, Nanami 161
sasaengs 86
SBS *Gayo Daejeon* 15
Sehun **182-189**; actuación en solitario 187; centro de atención 177; con Kai y Luhan 16; estilo de moda de 187; Lord Sehun 189; Luhan y 16, 21, 185; *maknae* 13; modelo 187-188; oportunidades como vocalista 186-187; otras amistades famosas 185-186; papeles como actor 188; Suho y 40
Seo, Byungmun 61
Seoul Fashion Week 61
Seoul Music Awards 30-31, 61, 79, 85, 114
Seoul World Cup Stadium 28, 76
servicio militar 31, 212
Sewol, accidente del ferry en 62
Shaolin Soccer 109
Sheep (Lay) 71-72, 207
Shim Jae-won 126, 143
Shin, Kevin 99
SHINee 29-30, 38, 41-43, 60-61, 68, 74, 92, 118, 119, 120, 121, 124, 166, 177, 184, 197
Showtime 44, 49-50, 84, 99, 120, 136, 185
Sing for You 112, 113, 125, 142, 185
Skinner, Sheryse 180
SM Entertainment: avances y fotos producidas por 18; Lee Soo-man y 12, 13; numerosos grupos creados por 13; trabajo de *marketing* 191
SM Station 41-42, 70, 121, 146, 152, 206
SM The Ballad 61, 219
SM Town Live; gira Mundial 14, 28, 31, 40, 76, 77, 177, 204
Smile For U 11
Something (Girl's Day) 40
Soompi 30
Sorry, Sorry 28, 74
Standing Firm at 24 71, 108
Star Academy 68
Star Faceoff Chuseok Special 49
Stardium 61
Stay With Me (Chanyeol y Punch) 138
Stone, Emma 187
subgrupos 23, 28, 93
Suho **37-43**; apodos 37; canciones relacionadas con 39; líder nato 37; muerte de Jonghyun 198; papeles en cine y televisión 40; vídeo enigmático 17; líder del grupo 13, 18
Super Junior 12, 15, 23, 27-28, 38-39, 41, 60, 74, 119, 124, 137, 177, 183

Taemin 15, 166-167, 171
Taeyeon 75-76, 86, 127
takoyaki 151
Tao **104-107**; abandono el grupo 94; actuación de artes marciales 15, 105; carrera interpretativa 105; lesión en Pekín 28; Kris y 105; reaparición de 16
Tempo 9, 40, 67, 72, 85, 137, 155, 169, 186, 208, 209, 210
Testa, Tony 34
Thunder 63, 119, 161
Time Control 15
Times Square 158, 175
To the Beautiful You 31, 187
Toben (perro) 139
Tokio, ver también Japón 29, 68, 77-78, 110, 159, 174
Tommy Hilfiger 138, 207
TV Tokyo 109
Twitter 153, 173, 177, 192, 200, 205-208, 216
Two Moons 17, 25, 32, 70, 105, 136

ulzzang 182, 216
Underdogs, The 63
Unfair 113, 125
UNICEF 111
unicornios 67, 69
Universe 9, 120, 152, 154, 197, 198, 207
Universidad de Negocios Internacionales y Economía, Pekín 21
Universidad de Stanford 14
Universidad Nacional de Artes de Corea 38

V Live 55, 86, 112-113, 140, 173, 175, 179, 180
varitas de luz Beatlight 147
Viva Polo (restaurante) 134
Vivi (perro) 140, 187
ViVi (revista) 118, 151, 159

Waitt, Hannah 144
Walker, Alan 71
War, The 120, 123, 189, 190, 193, 195, 198, 206, 207
We the People 67
Weekly Idol 28, 44, 84
What Is Love 16, 18, 21, 25, 32, 70, 83, 118, 151, 152
White Noise 137, 141, 161
Winter Special Gift (Lay) 72
Winter's Tale, The 79
Wolf 32, 33, 34, 44-48, 62, 76, 79, 105, 119, 136
wushu 105, 106

Xingmi 69
XingPark 68
Xiumin **52-57**: actividades de taekwondo 105; canciones relacionadas con 56; cinco años 143; Chen y 55; papeles de cine y televisión 56; pelo morado 176; primera aparición 16; talento para los deportes 55
XOXO: lanzamiento del álbum en formato físico 33; reedición de 45; un millón de copias vendidas 60; uso del logo 33

Yi Wu, príncipe 40
Yoo Jae-suk 146
Yoo Young-jin 23, 152
Younique Unit 168
YouTube 11, 17, 25, 31, 33, 44, 53, 63, 75, 82, 114, 117, 122, 130, 131, 138, 140, 161, 162, 173, 175, 186, 191, 192, 193, 200, 205, 208, 210
Yu Quan 23
Yunho 23, 29
Yves Saint Laurent 106

Zhang Yixing, ver Lay 66-68

Este libro utiliza el tipo Aldus, que toma su nombre
del vanguardista impresor del Renacimiento
italiano, Aldus Manutius. Hermann Zapf
diseñó el tipo Aldus para la imprenta
Stempel en 1954, como una réplica
más ligera y elegante del
popular tipo
Palatino

EXO: K-pop superstars se acabó de imprimir
un día de verano de 2019, en los talleres gráficos
de Liberdúplex, Carretera BV 2249, km 7,4,
Polígono Industrial Torrentfondo,
08791 Sant Llorenç d'Hortons
(Barcelona)